I Saggi 283

Di Daniele Biacchessi
nel catalogo Baldini Castoldi Dalai *editore*
potete leggere:

La fabbrica dei profumi
Fausto e Iaio
Roberto Franceschi. Processo di polizia

Daniele Biacchessi

Walter Tobagi

Morte di un giornalista

Baldini Castoldi Dalai
Editori dal 1897
http://www.bcdeditore.it e-mail: info@bcdeditore.it

Milano
ISBN 88-8490-737-3

Indice

«Cerco di capire perché si è arrivati a questo punto di lacerazione sociale, di disprezzo dei valori umani... Mi sentirei ancor più in colpa se oggi non spendessi quei talenti che, bene o male, mi sono stati affidati; e non li spendessi per contribuire a quella ricerca ideologica che mi pare preliminare per qualsiasi mutamento, miglioramento dei comportamenti collettivi; con la speranza che possa essere meno assurda la società in cui, fra un decennio, i nostri bambini si troveranno a vivere la loro adolescenza...»

Walter Tobagi

«Non è un caso che le azioni dei brigatisti siano rivolte non tanto a uomini di destra ma ai progressisti. Il loro obiettivo è intuibile: arrivare allo scontro nel più breve tempo possibile, togliendo di mezzo quel cuscinetto riformista che in qualche misura garantisce la sopravvivenza di questa società.»

Emilio Alessandrini, magistrato, ucciso da Prima Linea

«Ci sono battaglie che si fanno senza sparare un colpo, nelle quali si gioca la pelle, nelle quali un invisibile manuale di etica si solleva come bandiera e un alone di eroismo ti fa camminare nelle nuvole.»

Patricia Verdugo

Una fredda mattina di maggio

«Non sono le parole tonanti ma i comportamenti di ogni giorno che modificano le situazioni, danno senso all'impegno sociale: il gradualismo, il riformismo, l'umile passo dopo passo sono l'unica strada percorribile per chi vuole elevare per davvero la condizione dei lavoratori. Ecco la lezione che le dure repliche della storia ripetono ancora una volta.»

Walter Tobagi

27 MAGGIO 1980

È sera. Una pioggia di primavera batte forte su Milano. I cartelloni pubblicitari, le insegne dei negozi, i fari delle auto e le luci dei semafori si riflettono sull'asfalto. La strada lucida sembra ormai un grande specchio che deforma e rende irreale i contorni delle cose e delle persone.

Quel martedì, qualcuno passeggia per le vie del centro e sfida il maltempo. In molti si rinchiudono nelle case, il televisore acceso, la tavola apparecchiata, le discussioni tra padri e figli, incolmabili silenzi.

Altri sono attesi a Palazzo Serbelloni. Edificio progettato dall'architetto Simone Cantoni nella seconda metà dell'Ottocento ed elegante cornice della borghesia illuminata milanese.

Tra gli arazzi, quadri d'epoca e saloni dagli alti soffitti, il Circolo della Stampa propone da sempre conferenze, presentazioni di libri, convegni. Per i giornalisti milanesi è luogo dove stabilire un confronto su temi di attualità. Però quell'anno il dialogo tra diverse posizioni risulta quasi impossibile. Nel 1980, omicidi, stragi, ferimenti occupano le prime pagine dei quotidiani e scandiscono la vita dei loro inviati. I terroristi colpiscono politici, magistrati, poliziotti, carabinieri, agenti di custodia, giornalisti, commercianti, cittadini comuni. Dal 1969 fino a quel giorno, solo a Milano, si contano almeno 200 attentati rivendicati da gruppi della lotta armata di sinistra.

Fare cronaca tra segreto istruttorio e segreto professionale. È il titolo del dibattito organizzato quella sera dall'Associazione Lombarda Giornalisti. Come coniugare diritti e doveri degli operatori della comunicazione negli anni di piombo? Come conciliare il mestiere di cronista investigativo con la riservatezza imposta da inchieste delicate?

Non vi sono risposte adeguate, soprattutto dopo il caso del collega de «Il Messaggero», Fabio Isman, arrestato con il funzionario del ministero dell'Interno e dei servizi di sicurezza del Viminale Silvano Russomanno per aver pubblicato i verbali secretati di Patrizio Peci, membro della direzione strategica delle Brigate Rosse, primo collaboratore di giustizia della lotta armata di sinistra.

La sala degli Arazzi, oggi sala Montanelli, è stipata, almeno duecento persone presenti. L'ambiente è assai ristretto, ma si avverte qualcosa di inusuale per una mera riunione di specialisti. Tra il pubblico, in fondo a sinistra, alcuni giovani restano composti, seguono gli interventi con grande interesse, annotano le frasi dei relatori sopra pagine di taccuini. Non sono trasandati, indossano vestiti ordinati, giacca e cravatta, poco più di vent'anni. Sono praticanti? Redattori al primo contratto? Precari in cerca di occupazione? Sono forse militanti del partito armato, inviati al Circolo della Stampa per raccogliere preziose informazioni operative da utilizzare contro obiettivi?

C'è chi li osserva da lontano e si compiace perfino della loro partecipazione. È Walter Tobagi, 33 anni, editorialista del «Corriere della Sera», presidente dell'Associazione Lombarda dei Giornalisti, docente di Storia Contemporanea all'Università Statale di Milano, sposato con Stella Olivieri, due figli, Luca, sette anni, e Benedetta, tre anni.

«*Stasera è una serata molto importante nella vita del giornalismo milanese e dell'Associazione perché sono venuti molti colleghi giovani che normalmente non si vedono a queste riunioni. Quindi credo che sia estremamente importante se tra i colleghi che hanno seguito il dibattito ve ne sono alcuni disposti ad occuparsi di questo tema, saremo felici di accoglierli al lavoro della nostra Associazione.*»

Secondo la testimonianza dell'ex conduttore del telegiornale RAI della Lombardia Marco Volpati, il 27 maggio 1980 Walter Tobagi nota la presenza di molti giovani nella platea del convegno al Circolo della Stampa. Nessuno del gruppo di amici e colleghi presenti al dibattito riesce a ricordare esattamente i loro volti, nonostante le numerose fotografie scattate quella sera, però resta un forte dubbio: sono forse quelli che il giorno dopo uccideranno a colpi di pistola Walter Tobagi?

Proprio in quel momento, un altro ragazzo compie con la sua vettura una ricognizione intorno al palazzo di corso Venezia. Poi si ferma davanti all'ingresso. Senza mai spegnere il motore, osserva le auto parcheggiate. Al termine riparte veloce.

È Marco Barbone, 22 anni, milanese, nome di battaglia Enrico. Studente di lettere all'Università Statale di Milano.

Qualche lavoro saltuario: fotografo free lance e collaboratore di piccole agenzie pubblicitarie.

È figlio di Donato Barbone, dirigente editoriale della Sansoni, società affiliata alla Rizzoli, in pratica il centro politico, economico e culturale del «Corriere della Sera», il giornale in cui scrive Walter Tobagi. Da almeno quattro anni è affiliato alle organizzazioni minori del terrorismo di sinistra. Insieme ad altri suoi coetanei pensa un'azione eclatante, per entrare dalla porta principale nelle Brigate Rosse. Ricorda Marco Barbone:

«Per caso leggemmo sui giornali che, in occasione del caso Isman-Russomanno, si sarebbe tenuto un dibattito presso il Circolo della Stampa di Milano moderato da Walter Tobagi. Deducemmo che il mattino successivo si sarebbe dovuto trovare necessariamente a Milano. Nessuno di noi si recò al dibattito perché era troppo pericoloso, considerato il numero di poliziotti che lo presidiava. Io solo feci un giro in zona per rintracciare eventualmente l'auto di Tobagi. Senza averla vista, me ne andai subito».[1]

Quello di Tobagi è l'intervento più atteso. Lui conosce le storie personali dei militanti della lotta armata, i loro percorsi individuali e collettivi, studia a fondo il fenomeno, legge i documenti di rivendicazione di ogni attentato, effettua la comparazione con altri volantini di propaganda brigatista. Alla fine, trasferisce le sue conclusioni sulla carta e redige articoli colti, precisi, scritti in punta di penna. È un esperto, tra i migliori e i più intelligenti di quegli anni. Per questo motivo, Tobagi entra fin dall'inizio nel mirino dei terroristi.

---

1. Interrogatorio di Marco Barbone del 5 ottobre 1980 davanti al generale Carlo Alberto Dalla Chiesa.

Il 13 settembre 1978, a Milano, gli inquirenti sequestrano una sua nota biografica nell'appartamento di via Negroli, a disposizione del latitante Corrado Alunni, nome di battaglia Federico, ex appartenente alle Brigate Rosse, confluito nell'area della rivista «Rosso», infine approdato alle Formazioni Comuniste Combattenti. Nello stesso covo vengono rinvenute informazioni personali (spostamenti, abitazioni, targhe delle vetture), su Massimo Fini e Franco Abruzzo.

Il 30 gennaio 1979, gli investigatori ritrovano all'angolo tra viale Lombardia e piazza Durante, sempre a Milano, una valigetta dimenticata da militanti degli RCA, Reparti Comunisti d'Attacco. Contiene documenti di dibattito interno all'organizzazione, schede dettagliate su 36 persone. Ci sono i nomi di tre giornalisti: Walter Tobagi, Franco Abruzzo e Leo Valiani. Nel febbraio 1979, dopo aver appreso la notizia, Tobagi scrive le sue impressioni sulle pagine di un diario. Riflessioni di chi conosce i pericoli del mestiere di cronista «*sul campo*»:

«*Che cos'è la paura? Camminare per strada e sobbalzare a ogni macchina che ti passa vicino, guidare l'automobile e spaventarsi a ogni moto che ti si affianca. L'altra mattina, 30 gennaio, è stata ritrovata una scheda con il mio nome nella borsa tipo 24 ore lasciata da un terrorista in viale Lombardia. Provo una sensazione di angoscia. Questa paura mi accompagna da più di un anno, da quando uccisero Carlo Casalegno e mi toccò di scrivere di brigatisti. L'assassinio di Emilio Alessandrini vuole dire che non valgono più le regole di un anno fa. Nel mirino ora entrano proprio i riformisti, quelli che cercano di comprendere. Mi pare di essere, forse è una suggestione, il giornalista che come carattere e come immagine è più vicino al povero Alessandrini. Se toccasse a me, la cosa che mi spiacerebbe di più è di non avere trovato il tempo per scrivere una riflessione che spiegasse agli altri, penso a Luca e a Benedetta, il senso di questa mia vita così affannosa*».[2]

Walter Tobagi riceve continue minacce, confida alle persone più care le sue preoccupazioni. I carabinieri gli impongono perfino il cambio di numero telefonico, mettono sotto controllo l'utenza e ascoltano ogni conversazione privata sua e della famiglia e attinente al suo lavoro di cronista. Ma Tobagi intende andare fino in fondo nel suo ruolo di «*inviato sul fronte delle Brigate Rosse*», evidenziando i valori che stanno alla base del suo impegno civile e politico: dialogo tra le parti, profondo rispetto per le idee altrui, non violenza, solidarietà, verità e giustizia, libertà d'informazione e riformismo.

È una scelta coraggiosa per quei tempi, come conferma il padre di Walter Tobagi, Ulderico:

«*Lui non aveva voluto la scorta, perché era convinto che se avessero voluto ucciderlo, avrebbero trovato il modo. Lo ricordo abbastanza sereno. Ci vedevamo tutte le settimane e mi ricordo che gli chiesi di lasciar stare per un po' gli argomenti più delicati. Mi rispose che infatti si stava occupando della campagna elettorale dei sindaci. Walter non mi diceva niente, per lasciarmi tranquillo. Sapeva che sua madre ed io eravamo molto apprensivi, che ci preoccupavamo per ogni minima cosa. Non mi ha mai detto di essere stato minacciato*».[3]

Walter Tobagi vive dunque come una persona normale, senza poliziotti e carabinieri armati intorno alla sua famiglia, come rileva la moglie Stella Olivieri:

«*Non voleva scorte per non mettere a rischio altre vite, come era accaduto ad Aldo Moro. "Perché devono morire anche*

2. Appunto inedito scritto a penna da Walter Tobagi. È rimasto per anni custodito dalla sua famiglia, poi diffuso nel 2004.
3. Intervista al mensile «Tabloid», Istituto Formazione Giornalismo, maggio 2000.

loro?" diceva. Ma che l'aria intorno fosse pesante lo sapevamo da un pezzo. Al giornale gli avevano detto di allontanarsi da Milano. Lui stesso mi parlò di aver ricevuto ripetute minacce, telefoniche o scritte, non so... In casa mi parlò di una sede di corrispondenza a Pechino».[4]

Delle minacce, Walter Tobagi parla anche con Marco Volpati. Sostiene di aver fatto di tutto per convincerlo ad allontanarsi dalle indagini sul terrorismo brigatista. Magari accettando un incarico di corrispondente all'estero. Anche l'inviato del «Corriere della Sera» Antonio Ferrari ricorda di aver discusso con Walter Tobagi intere serate sulla pericolosità di quelle inchieste. Ma lui reagisce in modo professionale:

«*Purtroppo anche noi siamo in prima linea come tutti del resto, come i poliziotti, come i magistrati. Un giornalista che firma articoli più o meno tutti i giorni, è chiaro che può essere un obiettivo dei terroristi*».[5]

Nelle ultime settimane, Walter Tobagi non si occupa però di fatti di terrorismo, perché impegnato in servizi e inchieste sull'imminente campagna elettorale amministrativa. Solo la sera prima si trova a Venezia, ma non può rinunciare al dibattito programmato al Circolo della Stampa. Al tavolo della presidenza sono invitati, tra gli altri, l'avvocato Giandomenico Pisapia, il Procuratore della Repubblica di Milano Mauro Gresti, il giudice Adolfo Beria d'Argentine, il giornalista Massimo Fini.

Walter Tobagi è al contempo organizzatore e moderatore della discussione. Propone nuovi ed efficaci strumenti per

---

4. Intervista di Stella Olivieri al «Corriere della Sera». La frase è confermata da un colloquio telefonico privato con l'autore.
5. Testimonianza al programma di Giovanni Minoli, *La storia siamo noi*, Rai Tre, 2004.

la tutela della libertà di stampa e il diritto del cittadino all'informazione:

«*Non capiremo la situazione che si è determinata se non ci dicessimo con franchezza che nella vicenda Isman-Russomanno, così come in altri casi, si è avuta la percezione netta della politica proseguita con altri mezzi, c'è l'amministrazione della giustizia o meglio delle indiscrezioni che trapelano dal segreto d'ufficio come uno degli strumenti della lotta politica che avviene in questo Paese. È una cosa non nuovissima, anzi vecchia. La novità sta nell'intensità con cui il ricorso a questo metodo improprio di lotta politica avviene e nella gravità che essa assume.*

Chi ha fatto giornalismo negli ultimi dieci anni è cresciuto alla scuola della contro informazione. La grande lezione imparata alla fine degli anni Sessanta è che le notizie delle fonti ufficiali non sempre erano sufficienti, adeguate, non sempre neanche veritiere. Da lì è nata la contro informazione. Io credo a questo principio: noi dobbiamo restare saldamente ancorati, stando attenti a non confondere contro informazione con la super informazione, che è un'altra cosa, perché quando l'apparente contro informazione altro non è che un servizio prestato a una super informazione di cui sfuggono completamente fini e modalità, allora il giornalista deve porsi l'interrogativo se fa un servizio giornalistico o se fa un altro servizio, che nel caso specifico è assai meno nobile…

Siccome siamo abbastanza adulti in questo mestiere, sappiamo che le notizie non sono dei funghi che spuntano dopo la pioggia e sappiamo che gli scoop non si fanno rovistando i cestini di carta straccia. Questo lo sappiamo tutti, anche chi gli è capitato di fare controvoglia qualche scoop; anche i magistrati lo sanno, lo sanno benissimo gli avvocati. Il problema è di essere coscienti della strumentalizzazione che si subisce e che si attua, perché non c'è dubbio che nel rapporto tra il giornalista e la sua fonte esiste costantemente un rapporto di strumentalizzazione...

Le notizie di padre ignoto non servono perché, al lettore al quale si offre un'informazione, si deve anche fornire gli elementi che consentano l'identificazione della fonte che ha diffuso in quel momento quella notizia. Se non si compie questo atto i giornali rischiano di diventare strumenti per guerre combattute per conto terzi...

Non è assolutamente sano che in un Paese democratico che non vuole subire delle involuzioni pericolose, la politica si faccia nei Palazzi di Giustizia, perché se un processo di questo genere si consolida e va avanti allora vuol dire che nel meccanismo istituzionale esistono disfunzioni gravi e serie...

È vero che c'è un imbarbarimento della società italiana che interessa tutti, ma sappiamo purtroppo come nasce. Non possiamo meravigliarci quando scopriamo gli effetti prodotti da questa situazione. Tutte le volte ripetiamo le stesse cose, e ci chiediamo: chissà a chi toccherà la prossima volta?»[6]

Nel 1980, il sindacato dei giornalisti è diviso sullo sciopero a sostegno di Fabio Isman e sui principi deontologici della professione. Walter Tobagi, presidente dell'Associazione Lombarda dei Giornalisti, ha da poco abbandonato la corrente di Rinnovamento, vicina al PCI e alla sinistra storica ed extraparlamentare, fondando con Franco Abruzzo e Massimo Fini Stampa Democratica, orientata verso posizioni riformiste e moderate. Con le sue idee cattoliche e socialiste, Tobagi difende la libertà d'informazione, si pone al di fuori di logiche di partito e si batte per un sindacato indipendente.

6. Dal resoconto stenografico dell'intervento di Walter Tobagi, Milano, Circolo della Stampa, 27 maggio 1980.

La discussione si surriscalda. Alcuni colleghi del sindacato contestano in modo duro le posizioni di Walter Tobagi. Una decina di loro abbandonano perfino la sala durante una pausa del convegno. Sono in gran parte militanti del PCI e della CGIL che dissentono dalla linea del presidente del sindacato lombardo dei giornalisti. Il collega Giorgio Santerini sostiene di averlo sentito affermare:

«*...allora negateci l'informazione alla fonte...*»[7]

Ma la frase non viene inserita e verbalizzata nel resoconto stenografico della serata.

Il dibattito finisce intorno alla mezzanotte. Walter Tobagi è stanco e nervoso. Almeno sei chilometri separano corso Venezia da via Solari, la sua abitazione. Bisogna dunque attraversare Milano. La sua auto è parcheggiata nel garage vicino casa, in via Valparaiso. Così chiede un passaggio all'amico Massimo Fini. Subito si recano in pizzeria con amici e colleghi, rispettando una tradizione ormai consolidata negli anni. Poi i due giornalisti raggiungono la zona intorno il parco Solari.

Sono le due e mezza di notte di mercoledì 28 maggio 1980. Quello di Massimo Fini è un ricordo indelebile:

«*Quella sera eravamo andati al Circolo della Stampa, ma non insieme. Ci siamo trovati lì. Era in programma un dibattito sull'informazione, la libertà di stampa e i rapporti con la magistratura. Tra gli ospiti c'era anche Giandomenico Pisapia, un importante professore di Procedura Penale, mio maestro all'università. Alla fine, poiché abitavamo vicini e lui era senza macchina – a Walter non piaceva guidare – lo avevo accompagnato a casa con la mia. Saranno state le due e mezza di*

---

7. Testimonianza di Giorgio Santerini al processo di primo grado «Rosso-Tobagi», aula bunker di Milano, 1983.

notte, ma per noi, non era mai troppo tardi e ci fermammo a chiacchierare in macchina per un'altra ora. Veniva giù una pioggerellina leggera che, insieme ai nostri fiati, appannava i vetri della macchina. Parlammo del più e del meno. Di punto in bianco mi disse: "Sai, da un mese ho abbandonato le inchieste sul terrorismo e sulle Brigate Rosse. Non voglio morire per questi qui". E intendeva il direttore e il vicedirettore del "Corriere", Franco di Bella e Gaspare Barbiellini Amidei. Pensai che eravamo dei veri incoscienti a star lì, fermi, in macchina, davanti a casa sua e d'istinto mi venne da guardar fuori, ma stetti lì, per non spaventarlo e non spaventarmi a mia volta. Potevamo essere dei bersagli. I nostri nomi, insieme a quello di Franco Abruzzo, erano stati trovati in un covo delle Formazioni Comuniste Combattenti. Lui poi – ma questo io non lo sapevo, Walter era estremamente riservato, pudico quasi delle sue cose – aveva ricevuto anche altre minacce. Ci lasciammo con la promessa di rivederci presto».[8]

MERCOLEDÌ 28 MAGGIO 1980
È una fredda mattina di maggio.

Il «Gazzettino Padano» della RAI anticipa una leggera perturbazione su Milano. Una tipica pioggerellina milanese, accompagnata da una consistente diminuzione della temperatura.

L'edizione nazionale del giornale radio scandisce i titoli delle notizie della giornata:

I NAR, Nuclei Armati Rivoluzionari, uccidono a Roma l'agente di polizia Franco Evangelista davanti al liceo classico «Giulio Cesare».

---

8. Intervista a Massimo Fini, *Giallo e nero*, «Radio24 – Il Sole 24 Ore», 2005, condotto dall'autore.

Il pentito di Prima Linea Roberto Sandalo coinvolge con le sue confessioni l'esponente della sinistra della Democrazia Cristiana, Carlo Donat Cattin, padre di Marco, terrorista latitante, il presidente del Consiglio Francesco Cossiga e il ministro dell'Interno Virginio Rognoni.

Scioperi spontanei alla FIAT Mirafiori di Torino e in tutte le aziende dell'indotto dopo l'annuncio della cassa integrazione per 78 mila lavoratori.

ORE 8, VIA SOLARI

Davanti all'abitazione di Walter Tobagi è appostato Manfredi De Stefano, nome di battaglia Ippo. Non è armato. Nell'operazione, a lui vengono assegnati compiti precisi: osservare ogni movimento nella zona, verificare se il cronista del «Corriere della Sera» anticipa i suoi spostamenti mattutini, attendere gli altri cinque componenti del commando. Le auto per le vie di fuga sono già parcheggiate nei punti concordati dal piano operativo.

ORE 9,45, PORTA GENOVA

La Brigata 28 marzo si ricompone nel piazzale davanti alla stazione ferroviaria. Marco Barbone (Enrico), è il capo militare. Nel giaccone porta una calibro 9 corto con silenziatore montato e una 38 special *Smith & Wesson*. Mario Marano (Fabio), è armato con una 7,65 silenziata. Francesco Giordano (Paolo o Cina), carica la sua 357 *Magnum*. Daniele Laus (Gianni) infila nelle tasche una 38 special. Paolo Morandini (Alberto) è in bicicletta, disarmato. Il gruppo si avvia verso la casa del giornalista.

ORE 10, VIA SOLARI

Il traffico è caotico a quell'ora. I mezzi pubblici di superficie sostano e poi ripartono secondo un programma stabilito. Chi acquista i quotidiani all'edicola, chi si trova nei negozi del quartiere. Nei giardini del parco Solari i cani annusano il prato bagnato e gli alberi in fiore.

La pioggia batte fitta sugli ombrelli aperti.

Tutto sembra normale, ma qui la normalità è solo apparente.

De Stefano si incontra con gli altri del gruppo, abbandona la zona e si reca probabilmente ad Arona. Barbone e Marano raggiungono l'edicola vicino all'abitazione di Tobagi. Morandini è in bicicletta nei pressi della fermata del tram, proprio di fronte al portone. Giordano, con funzioni da palo, si trova pochi metri indietro rispetto alla posizione di Barbone e Marano, sulla via Solari.

ORE 11,10

Walter Tobagi deve raggiungere il garage *Il parco* di via Valparaiso 7/A e ritirare la sua vettura. Può girare a sinistra, imboccare via Montevideo, costeggiare il parco Solari, svoltare ancora a sinistra, in trecento metri salire sulla sua Ritmo grigia e in mezz'ora raggiungere la sede del «Corriere della Sera», in via Solferino.

Ma attenzione...

Quel giorno, Walter Tobagi compie un altro percorso a piedi, l'ultimo della sua breve vita.

Gli assassini, come dei veri contabili della morte, lo stanno già osservando. Rammenta Marco Barbone:

«*Ci accorgemmo che Tobagi usciva dal portone, prima ancora che Paolo Morandini (Alberto) con la bicicletta passasse davanti a noi avvisandoci. Alberto proseguì diritto e scomparve alla nostra vista*».[9]

---

9. Interrogatorio di Marco Barbone del 5 ottobre 1980.

Altri occhi, altra visuale, quella di Paolo Morandini:

«*Dovevo stazionare con una bicicletta nei pressi di una fermata del tram di fronte all'abitazione di Tobagi. Vedendolo uscire, avrei dovuto inforcare la bici e passare davanti agli altri compagni che erano divisi e non potevano scorgerlo. Il mio passaggio in bici doveva costituire un segnale per gli altri che non potevano restare fermi a lungo perché avrebbero dato nell'occhio*».[10]

Marco Barbone e Mario Marano sono sempre accanto all'edicola. Attimi, frazioni di tempo incalcolabili vengono così descritti in modo minuzioso da Barbone:

«*Tobagi accennò ad attraversare la strada come per andare all'edicola e noi, che eravamo lì appostati, ci allontanammo per non farci vedere. Ma lui non attraversò la strada e questo ci procurò qualche difficoltà, perché io e Mario Marano (Fabio), ci trovammo parecchio indietro rispetto al punto in cui dovevamo essere e fummo, in pratica, costretti ad inseguire Tobagi. Infatti Fabio disse: "Andiamo". Accennò una corsetta quando eravamo già in via Salaino dopo aver attraversato la via Solari ed esserci posti dietro al giornalista*».[11]

Walter Tobagi non attraversa via Solari ma devia a destra in via Andrea Salaino. Si porta sul lato sinistro e percorre un breve tratto di strada. Prosegue Barbone:

«*Superato l'iniziale momento di sbandamento e vuoto totale che mi aveva preso quando Fabio mi aveva detto "Andiamo", mi misi a correre anch'io, a fianco di Fabio. Giunti a quattro cinque metri da Tobagi, Fabio disse: "Piano". Così arrestai la corsa rimanendo indietro*».

---

10. Interrogatorio di Paolo Morandini del 17 ottobre 1980.
11. Interrogatorio di Marco Barbone del 5 ottobre 1980.

Fermiamo per un attimo la scena.

Via Andrea Salaino.

Alcuni negozi, una fabbrica, un ristorante, una scuola, palazzi signorili e vecchie case popolari.

Barbone e Marano, con una calibro 9 corto e una 7,65 entrambe silenziate, si trovano dietro a Tobagi, quattro o cinque metri di distanza.

Sono in movimento ma i loro passi sembrano felpati.

Il giornalista invece non si accorge di nulla, non si volta indietro, non nota niente di sospetto intorno, una circostanza che possa attirare attenzione. Lui cammina verso il garage di via Valparaiso. Ora è all'altezza della trattoria siciliana *Dei gemelli*, in quei pochi centimetri di marciapiede che separano le siepi da una macchina in sosta.

Marco Barbone conclude così la sua testimonianza:

«*Fabio continuò a correre e subito cominciò a sparare, mirando possibilmente al cuore, come poi mi disse. Tobagi fece due passi e poi cadde, mentre Fabio, che aveva esploso tre colpi, tentò di sparare ancora ma la sua 7,65 si inceppò. Allora sparai due colpi con la mia nove corto: uno da distante (due, tre metri), l'altro mentre correndo gli passavo vicino mentre era già a terra e quando avevo ormai avuto la netta sensazione che fosse morto*».

Daniele Laus è l'autista del commando. Supera Barbone, Marano e Tobagi con una Peugeot 204 grigio metallizzata targata MI 712617, rubata sei giorni prima in zona San Siro, dopo aver minacciato con una pistola il proprietario della vettura.

Il suo compito è prelevare i killer e portarli al sicuro. La sua visuale è certamente parziale, filtrata comunque dallo specchietto retrovisore laterale e da quello centrale posto all'interno dell'abitacolo:

«Io e Giordano eseguimmo i compiti rispettivamente assegnatici. Barbone e Marano avevano il compito di seguire Tobagi, raggiungerlo e spararagli. Mentre in automobile superavo il giornalista che risaliva via Salaino lungo il marciapiede sinistro, vidi Barbone e Marano raggiungere Tobagi: immediatamente dopo udii colpi di pistola ed intravidi il corpo di Tobagi steso per terra... Non so nulla sulla successione dei colpi, guidavo l'auto e ho solo sentito. Posso dire che avevamo deciso che a sparare fossero Marano e Barbone».[12]

Mario Marano si trova nella posizione più vicina a quella occupata da Marco Barbone. Nel corso del tempo, offrirà due differenti versioni a magistrati e giudici. Nel 1983, al processo di primo grado, sostiene:

«La mattina del 28 maggio ci presentammo tutti insieme. Il piano viene modificato per una serie di questioni logistiche. A sparare, come d'accordo, doveva essere il solo Barbone. Dopo i primi quaranta minuti di attesa sotto casa di Tobagi, Giordano (Cina) mi raggiunse sul marciapiede opposto dove io e Barbone attendevamo il giornalista e mi disse che non reggeva più alla tensione e che ce ne dovevamo andar via, di parlare con lo stesso Barbone, che lui avrebbe parlato con Laus. Proprio nel momento in cui iniziavo a dare queste mie spiegazioni, dal portone di casa (cosa che io non vedo perché ero spostato in via Solari), esce Tobagi, si incammina verso via Solari, diretto nell'attraversamento di via Salaino per poi raggiungere il garage».[13]

Francesco Giordano (Cina), è agitato, suda freddo, si

---

12. Interrogatorio di Daniele Laus dell'8 novembre 1980.
13. Deposizione di Mario Marano, processo di primo grado «Rosso-Tobagi», aula bunker di Milano, 10 maggio 1983.

volta intorno in continuazione. Poi raggiunge Daniele Laus e gli dice:

«*Andiamo via… non facciamo cose dalle quali non si può tornare indietro*».

Ma l'ingranaggio mortale dei terroristi non si inceppa, come ricorda Mario Marano sempre nel 1983:

«*Noi eravamo vicini all'edicola, per un motivo più che altro strategico, nel senso che eravamo coperti, defilati (c'era un via vai all'edicola), mentre invece ho saputo poi che l'edicola era un punto fermo su cui doveva passare Tobagi, e non era previsto nel piano il contatto con Tobagi all'edicola. Perdiamo tempo, è vero, quando Tobagi entra in via Salaino, perché è Barbone che comanda il gruppo, è Barbone che dice: "Andiamo". Affrettiamo il passo con una leggera corsetta… Siamo a quattro o cinque metri di distanza… Io e Babone siamo affiancati. Lui esplode il primo colpo e il giornalista Walter Tobagi, per una manciata di secondi, continua a camminare con le sue gambe. È in quel frangente che Barbone mi dice: "Spara, spara". Io ho già la pistola in mano, perché è in un sacchetto. Esplodo tre colpi, in rapida successione. Inizialmente non mi accorgo che la pistola si è inceppata. Probabilmente c'è un altro colpo di Barbone, o forse non c'è. Tobagi continua a camminare. Io scendo dal marciapiede e mi dirigo verso la macchina che ci aspetta a pochi metri. Sono in strada. Tobagi ha un momento di sbandamento, si appoggia ad una macchina, ma crolla sulle sue gambe. E in quel momento Barbone dice: "Non è morto". Si china ed esplode un altro colpo*».

Nel successivo processo d'appello del 1985, Mario Marano si allinea poi alla versione di Marco Barbone e smentisce quanto da lui affermato soltanto due anni prima:

«*Smentisco quanto detto in primo grado e cioè che fu Barbone a dirmi "spara, spara", quasi per incitarmi. Quella di-*

chiarazione era frutto delle storture del mio comportamento al processo».[14]

LE 11,15

Walter Tobagi si accascia sul marciapiede di via Andrea Salaino all'altezza del numero 12, la pioggia battente, le due gambe su una pozzanghera d'acqua, l'ombrello scivola sul fianco, la penna stilografica Parker cade dal taschino, una macchia rossa di sangue si allarga sulla giacca marrone.

Forse è già incosciente mentre si piega in avanti, quando i killer della Brigata 28 marzo fermano la sua vita con l'ultimo colpo mortale.

Quello partito dalla calibro 7,65 di Mario Marano. Così stabilisce la perizia del Tribunale di Milano.

L'auto con a bordo Daniele Laus, Marco Barbone, Mario Marano e Francesco Giordano si scontra con una Fiat 127 arancione, poi prosegue la sua corsa lungo una via di fuga stabilita da tempo: via Montevideo, via Dezza, via Cimarosa e via Monferrato angolo via De Castro.

A due chilometri dal luogo dell'agguato, i terroristi abbandonano la vettura e si dileguano nella città.

11,30, VIA SALAINO

Accorrono i primi testimoni, le ambulanze, le macchine della polizia.

Si accalcano decine di persone.

C'è la moglie Stella con in braccio la piccola Benedetta.

---

14. Deposizione di Mario Marano al processo d'appello «Rosso-Tobagi», aula bunker Milano, 6 giugno 1985.

Arriva don Ettore Beretta, parroco della vicina basilica Santa Maria del Rosario.

Qualcuno copre il corpo ormai senza vita di Walter Tobagi con una tovaglia del ristorante color rosa.

Il padre di Walter, Ulderico, si inginocchia:

«*Figlio mio che ti hanno fatto... perché?*»[15]

Poi asciugandosi le lacrime afferma:

«*Dobbiamo farci forza: ci sono i bambini, e bisogna pensare a loro e al futuro*».

11,46

L'agenzia Ansa diffonde attraverso le telescriventi la prima notizia sull'omicidio del giornalista del «Corriere della Sera», Walter Tobagi:

«*Il presidente dell'Associazione Lombarda dei Giornalisti Walter Tobagi è stato ucciso da colpi di arma da fuoco*».

L'identikit fornito dagli investigatori descrive le sembianze di uno dei killer: un ragazzo di 22 anni circa, barba scura sottile sotto il mento, fronte spaziosa, baffi, naso dai tratti marcati, corporatura snella, alto un metro e settanta.

---

15. Frase di Ulderico Tobagi riferita da numerosi testimoni presenti in via Salaino, il 28 maggio 1980.

Trenta righe in cronaca

«Hanno messo una bomba ad alto potenziale sulle finestre dell'Ordine regionale in viale Montesanto, a due passi dalla sede dell'Associazione. Hanno devastato alcune stanze, sconvolto gli archivi, fracassato mobili e suppellettili. In ogni caso cosa credono di avere fatto? Di avere imbavagliato, con spavento, la nostra professione, la nostra dedizione alla libertà e alla democrazia? Non si illudano. Si sbagliano, di grosso. Continueremo nella nostra professione, nel nostro sacrosanto mestiere di informare, di dire la verità. Senza farci spaventare.»

30 ottobre 1978, Walter Tobagi

18 MARZO 1947
San Brizio, poche case a sette chilometri da Spoleto, in Umbria.

Una data e una minuscola frazione immersa nella verde campagna.

Parte da qui la storia di Walter Tobagi.

La madre Luisa è casalinga. Il padre Ulderico è ferroviere. Sempre in viaggio da una parte all'altra del Paese. Nel 1955 emigra a Bresso, alle porte di Milano, con lui si porta dietro l'intera famiglia. Walter ha solo otto anni e la città è grande per un bambino che proviene dalla provincia italiana. Ma talento e caparbietà vincono spesso ogni timidezza e imbarazzo. Il giornalismo corre nel suo sangue fin da giovane. A soli 15 anni collabora con il periodico sportivo gratuito «Milan-Inter». Tutte le domeniche lo si può osservare con il taccuino sui banchi metallici della vecchia sala stampa dello stadio di San Siro. Dopo la partita, si reca in tipografia e segue l'impaginazione dei suoi articoli di cronaca sportiva. Si guadagna così i quattrini per comprare quei libri che legge tutti di un fiato, senza mai fermarsi. È curioso Walter, e preciso come le sue parole che ricama pazientemente tra un saggio e un romanzo.

Nel 1962, Walter Tobagi frequenta il liceo «Parini». Diventa così redattore della «Zanzara», il giornale della scuola. Vittorio Zucconi, due anni più grande di lui, lo coinvolge nell'impresa. Viene a sapere che c'è un certo Tobagi Walter in prima liceo, uno che sa scrivere bene e che forse è disposto a collaborare con la rivista. Così Zucconi incontra Tobagi durante l'intervallo tra una lezione e l'altra. Gli parla con tranquillità, come un fratello maggiore. Ma Tobagi non ne vuole proprio sapere. Nella vita cerca cose più serie. Zucconi torna alla carica:

«*Lo pregai, lo lusingai, lo insultai, feci pesare su di lui tutta la formidabile autorità morale che uno di terza, un "maturando", aveva sopra una nullità di prima. Feci ricorso a bassezze morali e mozioni degli affetti: pensa come sarà orgoglioso tuo padre quando vedrà il tuo nome stampato sul giornale del "Parini". Walter esitò ancora, cercò di schermirsi, ma era timido, come lo sono tanti giornalisti, e alla fine cedette. Non si contraria a cuor leggero un anziano che dall'alto dei suoi diciassette anni e mezzo mette uno di quindici anni e mezzo con le spalle al muro Ma di che cosa devo scrivere? s'informò candidamente Tobagi. Di quello che ti pare, basta che scrivi. Mi portò il suo primo scritto sui rapporti tra insegnanti e studen-*

ti, e glielo feci rifare. Tobagi Walter, lo rimproverai, devi fare un articolo, mica un tema».[1]

Nel marzo 1962, Walter Tobagi pubblica il suo primo pezzo sul settimanale studentesco: è un'intervista a Giovanni Trapattoni, allora mediano del Milan e della nazionale. Le domande non vertono solo sugli aspetti tecnici del calcio, ma raccontano storie di vita quotidiana. Walter descrive l'immagine di un uomo al volante di un'auto sportiva che sposta due dischi di twist e inserisce la chiave nel cruscotto. Tobagi lo guarda in silenzio e pensa alla sua bonomia tutta lombarda, in contrapposizione con il suo gioco deciso e classicheggiante. Ammira la sua semplicità, ci si ritrova, ma alla fine non ha il coraggio di dirgli nulla. Perché il «*Trap*», nella sua modestia, potrebbe crederlo perfino un esaltato.

Per Walter Tobagi, lo sport è una passione vera ma non un dogma. Quando nel gennaio 1963 incontra Helenio Herrera, allenatore dell'Inter campione d'Europa e del mondo, le sue domande vanno a colpire l'immagine pubblica del «*mago*». Lo accusa di essere assolutista, di fomentare con i suoi atteggiamenti le reazioni altrui, di esporre i suoi giocatori ai rimproveri dei tifosi, di non accettare le critiche mosse dalla stampa specializzata.

Nel 1965 intervista Gianni Rivera, giovane interno di punta del Milan e già stella della nazionale. Lo incrocia a Milanello, sede abituale dei ritiri rosso-neri. Tra un palleggio, una corsa e un calcio di punizione, parlano dei guadagni del campione, delle sue responsabilità morali verso i tifosi, dei cambiamenti legati al successo. Tobagi si rende conto che le possibilità economiche di Rivera sono cresciute a dismisura,

1. Testimonianza al sito internet del liceo Parini di Milano. www.liceoparini.it

ma valori e ideali restano immutati. Scopre di essere sul suo stesso piano. Solo che i goal di Gianni Rivera sono già un titolo di prima pagina sui principali quotidiani nazionali: i suoi piedi e le sue scarpe chiodate valgono ormai più dell'oro.

Non vi è solo lo sport tra gli interessi di Walter Tobagi. Commenta fatti culturali e di costume. Al liceo «Parini», in molti ancora rammentano la sua replica a un articolo di Ludovico Juker, figlio di ricchi industriali: risponde con toni moderati a un servizio in cui si inneggia alla rivoluzione marxista.

Per Tobagi, i libri sono strumenti di incontro e conoscenza. Invita così i compagni di liceo a frequentare la biblioteca in modo più assiduo. Perché attraverso la lettura di tante opere è possibile sviluppare e maturare la personalità di un individuo. Un dovere degli studenti, più che una possibilità.

È affascinato da James Baldwin, figura centrale della cultura afroamericana e aderente al movimento per i diritti civili dei neri, impegnato sul fronte integrazionista. Lo incontra a Milano ma la delusione risulta evidente. È freddo, gelido, risponde con sufficienza alle domande del pubblico. Lo sguardo di Baldwin mai si illumina: volge gli occhi con una noncuranza disarmante, quasi che i problemi del mondo non lo riguardassero.

A quindici anni dal suicidio dello scrittore Cesare Pavese, in una stanza di albergo a Torino, Walter Tobagi suggerisce la rilettura della sua opera, spinto dal desiderio di comprendere le ragioni del suo gesto ma evitando qualunque giudizio morale. Perché, come scrive sulla rivista, «*si può credere che vedesse nell'arte anche una missione*».

In terza liceo, anno scolastico 1965-1966, Walter Tobagi viene eletto negli organi di gestione della scuola e assume la responsabilità degli affari culturali. Del giornale «La Zanzara» diviene quindi caporedattore centrale. In quella veste, impara i segreti dell'impaginazione di un giornale, il difficile compito di coordinare una redazione, passare i pezzi scritti da altri assumendosi in pieno la responsabilità. Ma lui ama osservare, poi descrivere i fatti, anche quando sono scomodi da raccontare. Per Tobagi, infatti, i suoi coetanei, nel tempo libero, non si dedicano all'approfondimento e alla riflessione delle proprie esperienze, non formano i propri caratteri, ma inseguono l'attimo di felicità, il divertimento fine a se stesso. In pratica, fuggono senza interruzione dall'impegno politico e sociale.

È una critica profonda, mai urlata, bensì suggerita rispettando i valori fondanti sui quali si basa la democrazia del nostro Paese. Come quelli espressi dalla Resistenza, le cui aspirazioni si sono attuate, ma solo in parte. Tobagi invita a recuperare i motivi ideali che hanno spinto migliaia di persone a liberarsi dal nazifascismo. Studiare la Resistenza nella sua nuda verità.

Nel febbraio 1966 nasce il caso della «Zanzara».

Marco De Poli, Claudia Beltramo Ceppi, Marco Sassano, Walter Tobagi balzano alle cronache per lo scandalo scaturito da un reportage sull'educazione sessuale tra i minorenni.

Il 1968 è ancora lontano ma il vento del cambiamento irrompe in quei giorni nella società italiana. Le testimonianze dei quindicenni sono in presa diretta, senza filtri né mediazioni dei giovani cronisti del liceo «Parini». Le ragazze si dichiarano favorevoli ai rapporti prematrimoniali, all'uso degli anticoncezionali e al divorzio. Nel loro futuro non vedono solo il matrimonio ma la partecipazione alla vita sociale, nel lavoro e nelle attività culturali.

La pubblicazione dell'inchiesta provoca la sdegnata reazione degli studenti cattolici di Gioventù Studentesca, il movimento integralista fondato da don Giussani, che con un volantino denunciano «*la gravità dell'offesa recata alla sensibilità e al costume morale comune*». Poi seguiranno le denunce, gli interrogatori della magistratura inquirente, i processi penali. Il collegio difensivo è formato dai principali avvocati dell'epoca: Giacomo Delitala, Giandomenico Pisapia, Alberto Dall'Ora. I giudici assolveranno tutti gli imputati perché il fatto non sussiste.

Durante il ginnasio, si aprono per Walter Tobagi le opportunità lavorative. La sua prima collaborazione è con «L'Avanti», quotidiano del Partito Socialista Italiano. Ugo Intini è il capocronista della redazione milanese:

«*A quei tempi non c'erano le scuole di giornalismo, non c'erano gli esami di Stato per i giornalisti, si faceva apprendistato come nelle antiche botteghe artigiane. Ricordo che il vicedirettore dell'"Avanti", io allora ero capocronista, venne da me e mi disse: "Ti presento questo ragazzo, un amico di mio figlio, tutti e due sono al liceo 'Parini', vorrebbe stare un po' da noi e imparare qualcosa". Allora Tobagi aveva 18 anni e passava dalla seconda alla terza liceo, durante le vacanze estive era venuto a fare l'apprendistato appunto nella bottega artigiana. Era bravissimo già da ragazzino, mi ricordo che lo mandai a un ricevimento in Comune, dove magari poteva trovare qualcosa di interessante, in onore di Gaston Defferre: a quei tempi era sindaco di Marsiglia, socialista francese di grande prestigio, poi ministro degli Interni nel Governo presieduto da François Mitterrand, un padre storico del Partito Socialista Francese. Walter Tobagi incontrò Gaston Defferre e gli fece una splendida lunga intervista. E quando finì la terza liceo tornò e disse: "Eccomi di nuovo".*

E rimase. Poi non riuscimmo ad assumerlo e andò all'"Avvenire"».[2]

È il 1969, l'anno degli scioperi, dei cortei di operai e studenti in tutto il Paese. Le rivendicazioni del salario garantito e di un lavoro per gli operai, il diritto allo studio chiesto dai giovani delle scuole medie superiori e delle università.

Torino, Milano, Genova. Proprio nel triangolo industriale le lotte diventano più calde. Sette milioni e mezzo di persone coinvolte in conflitti di lavoro per 302.597.000 ore di produzione perdute a causa di scioperi.

È l'anno delle bombe. Dal 3 gennaio al 12 dicembre se ne conteranno 145, una ogni tre giorni. Per 96, la responsabilità accertata è dell'estrema destra. Il 15 aprile ne scoppia una nell'ufficio del Rettore dell'Università di Padova. Il 9 aprile a Battipaglia vengono uccisi 2 lavoratori e 119 persone sono arrestate. Il giorno dopo ci saranno manifestazioni in tutta Italia, accompagnate da violenti scontri con la polizia. Il commissariato di Battipaglia viene dato alle fiamme. Il 25 aprile, alla Fiera di Milano, un ordigno ad alto potenziale provoca il ferimento di venti persone. In agosto vengono piazzati dieci ordigni sui treni e colpiscono dodici passeggeri. A Pisa, il 27 ottobre, durante una manifestazione contro i colonnelli greci, lo studente Cesare Pardini rimane ucciso da un candelotto lacrimogeno sparato dalla polizia. Il 19 novembre, a Milano, negli scontri di piazza muore il poliziotto Antonio Annaruma. È un'escalation di violenze che culmina nella strage di piazza Fontana a Milano, il 12 dicembre 1969. 17 morti, 88 feriti.

---

2. Intervista a Ugo Intini, *Giallo e nero*, «Radio24 – Il Sole 24 Ore», condotto dall'autore, 2005.

Nel giugno 1969, Walter Tobagi abbandona il quotidiano socialista «L'Avanti» e passa al cattolico «L'Avvenire». L'ex direttore Leonardo Valente se lo ricorda bene quel giovane cronista dalla penna fluida e dalla carriera assicurata:

«*Nel 1969, quando lo assunsi, mi accorsi di essere davanti a un ragazzo preparatissimo, acuto e leale. Di lui ricordo le lunghe e piacevolissime chiacchierate notturne alla chiusura del giornale. Non c'era argomento che non lo interessasse, dalla politica allo sport, dalla filosofia alla sociologia, alle tematiche, allora di moda, della contestazione giovanile. Affrontava qualsiasi argomento con la pacatezza del ragionatore, cercando sempre di analizzare i fenomeni senza passionalità. Della contestazione condivideva i presupposti, ma respingeva le intemperanze...*

Scriveva i suoi articoli con la stessa diligenza con cui al liceo faceva le versioni di latino e greco e all'università si dedicava alle ricerche storiche: una montagna di appunti, decine e decine di telefonate di controllo, consultazione di leggi, regolamenti, enciclopedie. Insomma svolgeva una mole di lavoro enorme per un pezzo di due cartelle. Ma quando finalmente si metteva alla macchina da scrivere si poteva esser certi che dal rullo sarebbero uscite due cartelle di oro colato. E se per caso, al termine delle sue ricerche e dei suoi controlli, si accorgeva di essere arrivato a conclusioni opposte rispetto a quelle da cui era partito, buttava tutto all'aria e ricominciava dal principio, senza darsi la minima preoccupazione della fatica e del tempo che impiegava. Il suo solo problema era di arrivare alla verità, a qualunque costo».[3]

---

3. Testimonianza di Leonardo Valente in *Testimone scomodo. Walter Tobagi: scritti scelti 1975-1980*, a cura di Aldo Forbice, Franco Angeli, Milano 1989.

Sulle pagine dell'«Avvenire» si occupa di temi sociali, l'informazione, la politica e il movimento sindacale, a cui dedica particolare attenzione anche nel suo lavoro di saggista e ricercatore all'Università Statale di Milano.

Il primo servizio è dedicato al Movimento Studentesco di Milano: quattro puntate di storia, analisi, opinioni sui gruppi più importanti della sinistra extraparlamentare. Il materiale serve da base per il suo primo libro del 1970, pubblicato da Sugar, casa editrice vicina ai socialisti, *Storia del movimento studentesco e dei marxisti-leninisti in Italia*. Tobagi si pone alcune domande cruciali. Il Movimento Studentesco può essere considerato di fatto una avanguardia proletaria? Dalla prospettiva del movimento, il Partito Comunista va considerato come «*l'ala destra del movimento operaio*» oppure «*l'ala sinistra della borghesia*»? E a sua volta il Movimento Studentesco è «*l'ala sinistra del movimento operaio*», oppure il nucleo del partito rivoluzionario?

Le polemiche culturali lo appassionano. Risultano efficaci le sue note sul filosofo Theodor W. Adorno e sullo scrittore Alberto Moravia. Non trascura però i temi economici. Realizza inchieste sull'industria farmaceutica, la ricerca, la stampa, l'editoria. Si mostra interessato alla politica internazionale: la Spagna alla vigilia del crollo del franchismo, la guerriglia nel Ciad, la crisi economica e politica della Tunisia, le violazioni dei diritti dell'uomo nella Grecia dei colonnelli, le prospettive politiche dell'Algeria.

Il suo block notes si apre alle lotte sindacali nelle fabbriche del Nord. Quelli di Walter Tobagi sono lunghi reportage sui siderurgici che intendono migliorare le condizioni di lavoro nelle loro aziende: ambiente, salute, malattie professionali.

Poi affronta con passione le battaglie degli operai della FIAT Mirafiori che chiedono parità di diritti con gli impiegati. Spiega al grande pubblico il significato dell'inquadramento unico operai-impiegati, entra nelle dinamiche di un'organizzazione del lavoro antiquata e disumana che provoca l'assenteismo, descrive i roventi dibattiti per l'unità sindacale dei metalmeccanici e delle tre confederazioni come il congresso di scioglimento della UILM a Milano, nel '72, e l'assemblea dei quadri FIM-FIOM-UILM a Brescia.

Nel 1972, Walter Tobagi sposa Maristella Olivieri, già conosciuta in terza liceo.

Proprio in quell'anno avviene lo spostamento a destra del Paese. L'accordo tra Democrazia Cristiana e Movimento Sociale Italiano consente a Giovanni Leone la scalata al Quirinale.

Così, sulle pagine del quotidiano «L'Avvenire», Walter Tobagi compie un'analisi sui risultati elettorali del 7-8 maggio e spiega le scelte politiche degli elettori nelle aree del Sud influenzate dalla destra DC e dal MSI di Giorgio Almirante: Democrazia Cristiana 38,7%, Partito Comunista 27,1%, Partito Socialista 9,6%, Movimento Sociale 8,7%, Partito Liberale 3,9%, Partito Repubblicano 2,9%, Partito Socialista di Unità Proletaria (PSIUP) 1,9%.

Il 26 giugno 1972, Giulio Andreotti vara il suo secondo Governo con l'appoggio di socialdemocratici e liberali. I socialisti, intanto, tornano all'opposizione insieme ai comunisti. A questo Esecutivo, gli osservatori di politica italiana riservano l'appellativo di «*a centralità democratica*». La sinistra democristiana di Carlo Donat Cattin non partecipa al varo del Governo e compie uno strappo senza precedenti. I socialisti di Francesco De Martino sono divisi al loro interno in due fazioni: gli autonomisti stanno con il segretario e chiedono di rispondere alla svolta a destra con nuovi Governi di centrosinistra; altri invece rimangono fedeli alla storica linea di sinistra che prevede l'alleanza con i comunisti e l'alternativa progressista. Il vicesegretario del PSI è Bettino Craxi. Il PCI di Enrico Berlinguer non ha ancora compiuto la scelta del compromesso storico con la DC, di poco successiva al colpo di Stato in Cile del generale Augusto Pinochet, l'11 settembre 1973. Il MSI resta all'opposizione e si trova nel momento più difficile dalla sua nascita: il segretario Giorgio Almirante è indagato dalla Procura della Repubblica di Milano per ricostituzione del Partito Fascista, il parlamentare Pino Rauti viene arrestato e poi prosciolto per le attività di Ordine Nuovo.

Sempre nel 1972, la magistratura veneta imbocca la pista nera, quella fascista, per gli attentati del 1969 a Milano e Roma: bombe sui treni in agosto, strage alla Banca Nazionale dell'Agricoltura di piazza Fontana a Milano, ordigni contro l'Altare della Patria e il museo del Risorgimento a dicembre. Walter Tobagi segue tutte le indagini con impegno civile e professionalità. Per lui sono mesi di iniziazione e di pratica alla scuola di «*cronista sul campo*». In quel periodo, le inchieste sul terrorismo politico diventano la sua specializzazione. Il condirettore del settimanale «L'Espresso», Giampaolo Pansa, rileva:

«*Tobagi sul tema del terrorismo non ha mai strillato. Però, pur nello sforzo di capire le retrovie e di non confondere i capi con i gregari era un avversario rigoroso. Il terrorismo era tutto il contrario della sua cristianità e del suo socialismo. Aveva capito che si trattava del tarlo più pericoloso per questo Paese. E aveva capito che i terroristi giocavano per il re di Prussia. Tobagi sapeva che il terrorismo poteva annientare la nostra democrazia. Dunque, egli aveva capito più degli altri:*

era divenuto un obiettivo, soprattutto perché era stato capace di mettere la mano nella nuvola nera».[4]

Nel 1974, Walter Tobagi passa al «Corriere d'Informazione». Dal 1975 entra al «Corriere della Sera». Ne diviene una delle firme più quotate.

In quegli anni i salari degli operai italiani sono tra i più bassi d'Europa. Cresce l'autonomia sindacale dai partiti. Va in crisi la collaborazione tra CISL e Democrazia Cristiana, si allenta la cinghia di trasmissione che lega la CGIL al Partito Comunista, le confederazioni avviano un confronto serrato con il Governo su un vasto programma di riforme economico-sociali. C'è chi parla di supplenza sindacale al sistema dei partiti.

Il 15 e 16 giugno 1975, alle elezioni amministrative comunali, votano per la prima volta anche i diciottenni. La Democrazia Cristiana segna un netto regresso, 35,2%. Si verifica invece un'avanzata del Partito Comunista, 33,5%. Conquista con il Partito Socialista, 12%, il governo delle più importanti città: Roma, Milano, Napoli, Torino, Genova, Venezia.

Nelle inchieste per il quotidiano di via Solferino, Tobagi affronta temi politici, economici e sindacali. Il 16 dicembre 1975, disegna la nuova mappa di Confindustria e anticipa il nome del futuro leader degli imprenditori, Guido Carli. Due giorni dopo, l'indagine di Tobagi prosegue con l'intervista al collaboratore della famiglia Agnelli, Walter Mandelli, nel 1975 presidente di Federmeccanica. Seguono gli interessanti colloqui con gli industriali Piero Pozzoli e Giuseppe Pellicanò.

---

4. Testimonianza di Giampaolo Pansa in *Testimone scomodo.*, cit.

20 e 21 giugno 1976. I risultati delle elezioni politiche portano a un recupero consistente della Democrazia Cristiana (38,7%). Il Partito Comunista registra più voti delle amministrative del 1975, e ottiene il miglior risultato elettorale della sua storia (34,4%). Il travaso di preferenze nei due grandi partiti proviene essenzialmente da tre gruppi assai penalizzati: Partito Liberale, Partito Socialdemocratico e MSI. Il Partito Socialista resta al 9,6%. È una sconfitta di Francesco De Martino. Il 13 luglio al congresso socialista al MIDAS di Roma, Bettino Craxi viene eletto segretario del partito e impone un nuovo corso politico: autonomia e indipendenza dal PCI di Enrico Berlinguer.

Walter Tobagi si ritrova nella stessa posizione «*autonomista*» di Bettino Craxi, ma da cattolico, resta distaccato.

Intanto, tra il 1976 e il 1977, il partito armato allarga la sua area di consenso. Si avvia un processo di frammentazione dei maggiori gruppi storici della sinistra extraparlamentare. Si sciolgono in pochi anni Movimento Studentesco, Lotta Continua, Avanguardia Operaia, Quarta Internazionale. Entra in crisi il concetto di «*militanza*», il dibattito sull'uso della violenza diventa aspro e alimenta le divisioni. Si affacciano sulla scena nuovi soggetti politici. Alcuni comitati enfatizzano l'autonomia della classe operaia e proclamano la loro indipendenza dalla Nuova Sinistra, accusata di eccessiva moderazione. Sono gruppi dotati di strutture semimilitari. I loro militanti provengono dall'esperienza maturata nelle organizzazioni legali Lotta Continua e Potere Operaio che si amalgamano con giovani attivisti dei circoli giovanili, già protagonisti di campagne contro lo spaccio di droghe pesanti, per le occupazioni di case e per le autoriduzioni dei biglietti di mezzi pubblici, cinema e teatri delle grandi metropoli.

Nel 1977, nasce così un movimento variegato che si muove sul piano ideologico tra operaismo e spontaneismo.

1° febbraio. Militanti delle organizzazioni giovanili del MSI irrompono all'Università La Sapienza di Roma. Respinti dagli studenti, si coprono la fuga sparando numerosi colpi di pistola. Resta ferito in modo grave da un proiettile Guido Bellachioma, studente di Lettere. La risposta è immediata: la facoltà viene occupata.

2 febbraio. A Roma, un corteo di studenti esce dall'università. La sede missina di via Sommacampagna, dalla quale provengono i raid contro gruppi di sinistra, viene data alle fiamme. A piazza Indipendenza, squadre speciali della polizia in borghese ingaggiano scontri a fuoco con autonomi armati di rivoltelle. Restano a terra feriti il poliziotto Domenico Arboletti e gli studenti Paolo Tommasini e Leonardo Fortuna.

17 febbraio. Gli autonomi contestano il segretario generale della CGIL Luciano Lama all'Università La Sapienza di Roma.

10 marzo. A Bologna la polizia spara sugli studenti e uccide, sotto i portici del centro cittadino, il giovane attivista di Lotta Continua, Francesco Lo Russo.

11 e 12 marzo. Violenti cortei si snodano lungo le vie e le piazze di Bologna, Roma e Milano.

21 aprile. La polizia interviene all'Università di Roma. Ne seguono scontri in cui gruppi di autonomi sparano sulla polizia e uccidono l'agente Settimio Passamonti.

22 aprile. Il ministro dell'Interno Francesco Cossiga proibisce per un mese ogni manifestazione pubblica a Roma.

12 maggio. A Roma, i corpi speciali di polizia creati dal Viminale aggrediscono la manifestazione organizzata dal Partito Radicale di Marco Pannella, nella ricorrenza della vittoria sul divorzio di tre anni prima. Una ragazza di 19 an-

ni, Giorgiana Masi, viene raggiunta da un proiettile di pistola alla schiena e muore.

14 maggio. A Milano, militanti di «Rosso» e vari collettivi di Autonomia Operaia assaltano un plotone di agenti di pubblica sicurezza. Perde la vita il poliziotto Antonio Custrà.

Il cosiddetto «*assalto al cielo*» del movimento si concluderà solo il 23-24-25 settembre, al convegno «*contro la repressione*» di Bologna.

Walter Tobagi intuisce il pericolo generato dalla violenza politica e scrive le sue preoccupazioni sul «Corriere della Sera»:

«*Si fa presto a dire autonomi. Quelli che lanciano le molotov e cubetti di porfido, i ragazzi che praticano l'autoriduzione, gli esaltati con le P38. L'area dell'autonomia, ecco il primo problema. È l'area della sinistra ex rivoluzionaria, dei giovani che rifiutano il lavoro perché degrada, non vogliono diventare "Fantozzi modello"... Fanno lavoro di quartiere, dal Ticinese, a Baggio, da Quarto Oggiaro al Gallaratese... Lotta violenta, in molti casi: aggressioni, per esempio, agli spacciatori di eroina, la droga dura che provoca una "fuga dalla realtà" [...] la sigaretta con hashish o marijuana è diffusa come "un rito collettivo, strumento di conoscenza interpersonale". Dietro allo slogan "riprendiamoci la vita" c'è la nuova "teoria dei bisogni"... Come finiranno per orientarsi quelle migliaia di "cani sciolti" che per ora praticano la violenza difensiva e formano l'area dell'autonomia?*»[5]

2 novembre 1977. Il segretario del PCI Enrico Berlinguer si reca a Mosca. Nell'ambito delle celebrazioni del

5. *Dai gruppi organizzati ai cani sciolti, la confusa mappa dell'ultrasinistra.* Walter Tobagi, «Corriere della Sera», 11 settembre 1977.

60° anniversario della Rivoluzione di Ottobre, parla di «*valore universale della democrazia*». Lo strappo con il PCUS non si ricuce, anzi diventa sempre più lacerante. Così Berlinguer percorre nei mesi successivi la via italiana al socialismo, quella che lo porterà ad accettare e sostenere, nel 1978, il «*Governo di solidarietà nazionale*». Si tratta di un monocolore democristiano guidato da Giulio Andreotti, in cui i partiti dell'astensione divengono veri e propri partner di una maggioranza detta «*parlamentare-programmatica*».

Il 1978 è l'anno delle dimissioni di Giovanni Leone da presidente della Repubblica, dopo le rivelazioni contenute nel libro della giornalista Camilla Cederna. Ci lascia Papa Paolo VI, sostituito da Papa Luciani, morto in condizioni mai del tutto chiarite dopo soli trentatré giorni di pontificato. È l'anno dell'elezione di Giovanni Paolo II e dell'escalation del terrorismo brigatista.

16 MARZO 1978. ROMA, SONO LE SETTE DEL MATTINO

I brigatisti Franco Bonisoli e Valerio Morucci escono insieme dalla base di via Chiabrera. Sono vestiti da avieri. Le divise sono state acquistate pochi giorni prima da Adriana Faranda in un negozio in via Firenze. Indossano lunghi impermeabili bianchi. Servono per mascherare le armi che portano addosso: un mitra e una pistola, come tutti i regolari delle Brigate Rosse.

C'è la scorta sotto casa del presidente della Democrazia Cristiana Aldo Moro, in via del Forte Trionfale. Mario Moretti passa con la macchina e vede le due auto parcheggiate una in fila all'altra nel cortile antistante l'ingresso. Ognuno prende posizione.

Pochi secondi prima delle 9.

Moro e la scorta escono e si dirigono verso via Fani. La 128 targata Corpo Diplomatico la guida Moretti. Rita Algranati è piazzata all'angolo della strada con un mazzo di fiori in mano. Avverte Moretti con un cenno che il convoglio sta arrivando.

Moretti si mette davanti alle auto blu. Regola l'andatura. Sorpassa una 500 e le auto di Moro gli vanno dietro. Si ferma allo stop, un po' di traverso, senza stridore di gomme. Frazioni di tempo.

Ora le tre macchine sono ferme.

Pochi secondi e si scatena l'inferno.

Ci si mettono in tre a bloccare il traffico. Barbara Balzerani è già in mezzo all'incrocio a due metri dallo stop di via Fani e ferma le macchine che risalgono da via Stresa. Imbraccia la Skorpion. Poco più in là ci sono Alessio Casimirri e Alvaro Lojacono. Raffaele Fiore, Prospero Gallinari, Valerio Morucci e Franco Bonisoli sono vestiti da avieri. Aprono il fuoco. Fiore tiene in mano l'M12. Si inceppano i mitra di Morucci e Bonisoli. Uno dei poliziotti dell'Alfetta viene colpito. Scende dalla macchina, impugna la pistola. Bonisoli lascia cadere a terra il mitra, tira fuori la sua arma, spara e lo uccide.

Il fuoco ora si concentra sull'Alfetta. Muoiono Domenico Ricci, Raffaele Jozzino, Giulio Rivera e Francesco Zizzi. Con una raffica viene massacrato Oreste Leonardi, il maresciallo che si trova a bordo della 130 con lo statista.

Moro è sconvolto, incredulo. Moretti scende dalla macchina, si dirige verso la 130, guarda il presidente e lo prende per un braccio. Lo fa scendere e lo carica sulla 132 guidata da Bruno Seghetti. Valerio Morucci preleva dalla 130 due delle cinque borse in pelle di Aldo Moro.

Poi Moretti, Fiore e Seghetti se ne vanno con Moro.

L'azione dura quattro minuti precisi.

In via Fani vengo raccolti novantatré bossoli. Ventidue provengono da uno dei quattro mitra in dotazione agli avieri del commando. Le armi usate sono sei. I colpi sono calibro 9 lungo.

Durante i 55 giorni del rapimento di Aldo Moro, prende forza e consistenza il cosiddetto «*partito della fermezza*», sostenuto in particolare dalla Democrazia Cristiana e dal Partito Comunista. Il Partito Socialista invece sceglie la linea della trattativa. Bettino Craxi cerca contatti con le Brigate Rosse. Attraverso l'autonomo Lanfranco Pace, troverà la strada che porta a Valerio Morucci e Adriana Faranda, contrari all'uccisione di Aldo Moro.

Walter Tobagi segue le fasi del rapimento e valorizza ogni spiraglio che possa contribuire a salvare la vita dell'esponente democristiano. Così il giornalista analizza «*l'attacco al cuore dello Stato*»:

«*Si aspettavano tutti che le Brigate Rosse chiedessero lo scambio fra i loro prigionieri politici e Moro. Nel comunicato di sabato* (il primo comunicato delle BR, emesso il 18 marzo, due giorni dopo il rapimento, N.d.R.) *invece non c'era traccia, neppure indiretta, di questa richiesta che, prima ancora di venire prospettata, aveva sollevato dubbi e incertezze fra i politici. La domanda che in molti si sono posti, a questo punto, è che cosa sia accaduto. Perché le Brigate Rosse non sollecitano il baratto?*

Magari fra una settimana, se gli inquirenti non saranno riusciti a scovare il nascondiglio, la questione si riproporrà. Le Brigate Rosse potrebbero decidere, a quel punto, di chiedere la liberazione di qualche loro detenuto».[6]

---

6. Walter Tobagi, «Corriere della Sera», 20 marzo 1978.

Dalla cosiddetta «*prigione del popolo*», Aldo Moro invia decine di lettere a esponenti della Democrazia Cristiana e ministri del Governo, ai segretari degli altri partiti, alla moglie Eleonora, ai suoi più stretti collaboratori. Walter Tobagi si reca a Torino, il 18 aprile 1978. Sostiene che Moro è vivo e permangono ancora margini di trattativa. Riporta i segnali che giungono dal fronte torinese delle Brigate Rosse. Notizie inedite, dall'interno del partito armato.

9 maggio 1978. Il corpo senza vita di Aldo Moro sarà fatto trovare dai brigatisti nel baule di una Renault rossa in via Caetani, a Roma, proprio a metà strada tra Botteghe Oscure (sede del Partito Comunista Italiano) e piazza del Gesù (quartiere generale della Democrazia Cristiana).

14 SETTEMBRE 1978

A soli trentuno anni, Walter Tobagi si trova al vertice del sindacato dei cronisti. Diviene presidente dell'Associazione Lombarda dei Giornalisti e porta avanti le sue idee di libertà, fuori dal condizionamento dei partiti. La Federazione provinciale milanese del Partito Comunista e i suoi esponenti sindacali all'interno del «Corriere della Sera» e del gruppo Rizzoli, criticano duramente la scelta dell'ALG. Ma Walter Tobagi tira dritto nella battaglia e la sera della sua elezione dedica il successo al collega Mario Borsa:

«*Voglio aggiungere, e anche questa non vuole essere una frase vuotamente retorica, che accetto questo incarico per spirito di servizio e di dovere morale e ideale verso la categoria e verso le idee che personalmente, insieme con molti colleghi, ho manifestato in tante occasioni. Non vorrei fare un richiamo retorico al passato, ma se c'è il nome di un collega al quale penso idealmente in questo momento per l'esperienza che ha vissuto, per l'impegno che ha profuso in certo momenti anche nel sindacalismo giornalistico questo giornalista è Mario Borsa e vorrei ricordarlo in questo momento*».[7]

Ma come giunge Walter Tobagi a quella elezione?

Il suo impegno parte da una data e da un luogo precisi.

1975. Taormina.

Al congresso nazionale del sindacato dei giornalisti, gli esponenti del PCI mettono in minoranza quelli più vicini al PSI.

Passa un anno e Walter Tobagi, Massimo Fini e Franco Abruzzo vengono eletti consiglieri di Autonomia, la corrente liberale di Rinnovamento.

Il sindacato subisce pressioni dai partiti politici.

Nascono così forti attriti e divergenze che si trasformano in scontri verbali e personali.

Walter Tobagi viene criticato soprattutto dalla componente di sinistra del PCI.

Franco Abruzzo, ora presidente dell'Ordine dei giornalisti della Lombardia, racconta in questo libro la genesi dell'elezione di Walter Tobagi alla guida del sindacato lombardo:

«*Nel giugno 1978, io, Walter Tobagi e Massimo Fini, ingaggiamo una battaglia di libertà dentro il sindacato dei giornalisti in vista del congresso di Pescara. La perdiamo e lì c'è la spaccatura che si concretizzerà poi il 14 settembre 1978, quando si forma una nuova maggioranza fra noi tre socialisti e tutta l'area liberale. Eleggiamo Tobagi presidente della Lombarda. Perché noi volevamo Tobagi presidente? Perché così il presidente aveva diritto di parola al congresso dell'ottobre succes-*

7. Discorso di insediamento di Walter Tobagi, presidente dell'Associazione Lombarda dei Giornalisti, resoconto stenografico, 14 settembre 1978, Milano.

sivo a Pescara. Tobagi conquista la scena nazionale e difende le minoranze anche dentro Rinnovamento sindacale».[8]

22-29 ottobre 1978. Al sedicesimo Congresso di Pescara della Federazione Nazionale Stampa Italiana (FNSI), Walter Tobagi sferra un duro attacco alla corrente maggioritaria di Rinnovamento che unisce in modo trasversale democristiani, socialisti, comunisti ed esponenti della sinistra extraparlamentare. Secondo Tobagi, Rinnovamento è troppo legata alle segreterie dei partiti, quindi non agisce in modo libero e indipendente. Così, nel novembre 1978, Walter Tobagi, Franco Abruzzo e Massimo Fini presentano una nuova corrente del sindacato: Stampa Democratica, caratterizzata dalla vasta pluralità delle posizioni dei suoi componenti. Il ricordo di quella battaglia sindacale è ancora vivo nella testimonianza di Franco Abruzzo:

«A Pescara, Tobagi parla per quattro o cinque ore e alla fine le minoranze, anche quelle che stavano sulla nostra sinistra, vengono tutelate, non vengono fatte fuori. Per evitare il rischio del "listone" in cui tutti confluivano, ognuno con la propria visione, Tobagi presenta una mozione per introdurre il metodo proporzionale dentro il sindacato dei giornalisti. Tobagi era solo, il Congresso approva questa mozione. Quando tornammo da Pescara, abbiamo cambiato lo Statuto della Lombarda, lo abbiamo sottoposto a referendum e abbiamo vinto».

Mentre il sindacato dei giornalisti discute del futuro della categoria, lo Stato si prende la rivincita sulle Brigate Rosse.

Il 1° ottobre 1978, gli uomini del generale dei Carabinieri Carlo Alberto Dalla Chiesa compiono un'irruzione in

---

8. Intervista a Franco Abruzzo, *Giallo e nero*, «Radio24 – Il Sole 24 Ore», 2005, condotto dall'autore.

via Montenevoso 8, a Milano. Vengo catturati la latitante «*regolare*» Nadia Mantovani, i membri della Direzione Strategica Lauro Azzolini e Franco Bonisoli e altri sette terroristi. Poi sequestrano parzialmente le carte di Moro, conservate per mesi nell'appartamento-covo. Altre tre basi vengono scoperte sempre nella zona Lambrate, a Milano.

Per Walter Tobagi, quella presenza, in una zona a maggioranza operaia, storicamente di tradizione comunista, con numerosi collettivi e centri sociali sparsi nel territorio, rivela la realtà autentica dei terroristi dopo il rapimento di Aldo Moro. Le Brigate Rosse avevano fondato la propria forza anche su un'immagine di superefficienza, ora, secondo la sua analisi, questa immagine viene scalfita.

Ma il terrorismo continua a colpire i funzionari che lo Stato non ha saputo difendere.

In *Vivere e morire da giudice a Milano*, Walter Tobagi racconta la storia di Emilio Alessandrini, 39 anni, sostituto procuratore della Repubblica, assassinato da Prima Linea il 29 gennaio 1979:

«*...Sarà per quella faccia mite, da primo della classe che ci lascia copiare i compiti, sarà per il rigore che dimostra nelle inchieste, Alessandrini è il prototipo del magistrato di cui tutti si possono fidare, che non combina sciocchezze, (...) era un personaggio simbolo, rappresentava quella fascia di giudici progressisti, ma intransigenti, né falchi chiacchieroni, né colombe arrendevoli.*

Il terrorista mira a colpire personaggi che hanno ancora credibilità, la parte buona del sistema, che reagiscono con il ragionamento e senza isterismi cercano di capire e distinguere. È l'ultima lezione che ci ha lasciato Alessandrini, quando ci invita a non confondere le Brigate Rosse e gli altri gruppi armati con la strategia della tensione fascista di dieci anni fa. Nel-

le Brigate Rosse, concludeva Alessandrini, "un Giannettini non lo abbiamo ancora trovato"...»[9]

Il 30 gennaio 1979, il giorno dopo la morte di Emilio Alessandrini, viene ritrovata una valigetta 24 ore dimenticata da un militante dei Reparti Comunisti d'Attacco. Ci sono 36 schede dettagliate. I nomi di giornalisti nel mirino dei terroristi sono tre. Con Walter Tobagi e Leo Valiani, c'è anche Franco Abruzzo. A questo nostro racconto, oggi aggiunge un fatto inedito:

«*Quando fu ucciso Alessandrini, il 29 gennaio del '79, la sera verso le ore 20 fui chiamato dal procuratore capo della Repubblica Mauro Gresti. Mi reco in Procura, trovo tutti i magistrati in lacrime, sconvolti per il povero Emilio assassinato in quel modo terribile. Gresti mi chiude in una stanza e mi dice testualmente: "Abbiamo deciso con il prefetto di avvertire tutti coloro che sono in pericolo di vita". Così rispondo: "Ma io cosa c'entro?" E Gresti ribatte: "C'entra. Lei, Tobagi e Valiani siete i tre giornalisti i cui nomi compaiono in una lista trovata dai carabinieri a Milano. C'è un elenco di persone da ammazzare, sono 36, ci sono tre giornalisti. Leo Valiani è stato avvertito tramite Franco Di Bella, direttore del 'Corriere della Sera'. Ma Valiani vive oggi da clandestino come nel '43-'45. C'è il suo nome e quello di Walter Tobagi. Lei Walter Tobagi me lo deve portare qui domani mattina alle ore 8". Io esco frastornato, sconvolto. Poi Gresti mi fece vedere l'elenco. Tobagi era indicato come presidente dell'Ordine, non del sindacato. Nell'ottobre prima c'era stata una bomba sul davanzale della sede dell'Ordine di via Montesanto. L'avevano piazzata gli amici di quel signore che*

9. *Vivere e morire da giudice a Milano*, Walter Tobagi, «Corriere della sera», 30 gennaio 1979.

sta latitante a Parigi, Cesare Battisti. Accanto al mio nome, nella scheda c'era il numero della targa della mia vettura e l'indirizzo della mia abitazione. Così ho chiamato Walter. Quella sera abbiamo parlato a lungo. "Ma hai anche tu paura?" mi disse Tobagi. "Io da Cosenza sono venuto a Milano per lavorare, non per fare l'eroe. Però vediamo cosa possiamo fare", gli risposi. Poi ci riunimmo: "Cambiamo casa, andiamo là, andiamo qui...", ma alla fine siamo rimasti lì. Un colonnello dei carabinieri, chiamato dal dottor Mauro Gresti ci diede un consiglio: "Dica pure a Tobagi che quelli lì sparano fra le 8 e le 8,30, voi dovete uscire dopo le 9". Fu l'unico consiglio che tradotto vuole dire: "Non abbiamo uomini per darvi una scorta, ma uscite dopo le 9". Questa è la prima volta che racconto questo episodio».[10]

28 febbraio 1979. A Torino, Barbara Azzaroni (Carla) e Matteo Caggegi (Charlie), militanti di Prima Linea, vengono intercettati dalla polizia e uccisi in un bar. I loro funerali vedono la partecipazione di alcune centinaia di persone. Alle esequie di Azzaroni a Bologna viene distribuito un volantino in cui si annuncia la guerra contro lo Stato. Tobagi si interroga sul consenso di cui gode il partito armato. Rileva che gli uomini ombra del terrorismo diffuso escono allo scoperto e possono contare sul seguito di centinaia di militanti, per lo più giovanissimi.

Il giornalista del «Corriere della Sera» si indigna anche per fatti di ordinaria violenza politica. Al liceo «Parini», sei ragazzi aggrediscono uno studente di sedici anni colpevole di essere iscritto al Fronte della Gioventù, l'organizzazione giovanile del Movimento Sociale Italiano.

10. Intervista a Franco Abruzzo, *Giallo e nero*, di «Radio24 – Il Sole 24 Ore», 2005, condotto dall'autore.

7 aprile 1979. Un blitz delle forze dell'ordine cattura centinaia di attivisti di Autonomia Operaia, tra cui i leader Toni Negri, Franco Piperno, Oreste Scalzone, Emilio Vesce. Tobagi traccia un profilo di Negri. E rammenta che fra tutti i leader è quello che si mette meno in mostra. Non ama concedere interviste, come Oreste Scalzone. Non è un gran tribuno d'assemblea, come Franco Piperno.

11 aprile 1979. Thiene, provincia di Vicenza. Maria Antonietta Berna, Angelo Del Santo e Alberto Graziani muoiono dilaniati nell'esplosione provocata dallo scoppio accidentale di una pentola a pressione piena di polvere di mina, con cui stanno preparando un ordigno. Sono militanti dei Collettivi Politici Veneti. Secondo Tobagi, è una storia che nasce dalle ideologie sul piccolo terrorismo diffuso, artigianale, da una sorta di «*fai da te*» applicato alla violenza politica.

3 e 4 giugno 1979. Elezioni politiche. Risultano assai sensibili le perdite della Democrazia Cristiana che si attesta al 38,3%. Il Partito Comunista perde consensi soprattutto nelle sue roccaforti e nell'elettorato storico. La sconfitta per Enrico Berlinguer è bruciante, 30,4%. Cresce di misura il Partito Socialista di Bettino Craxi, 9,8%. Alle votazioni per il Parlamento Europeo, il PSI aumenterà di quasi due punti il proprio bacino elettorale. L'11 agosto viene eletto il nuovo governo presieduto da Francesco Cossiga. Il PSI si astiene, il PCI vota contro.

Ciò che invece preoccupa Walter Tobagi sono i segnali violenti che giungono dalle fabbriche, quelli da lui intercettati poco dopo l'omicidio del dirigente FIAT Carlo Ghiglieno a Torino:

«*L'immagine del terrorista isolato dal resto della società ingiallisce nel ricordo di vecchi discorsi. L'esperienza dimostra che uomini e ragazzi con la pistola ricevono informazioni di-*

rette attraverso una rete autonoma. Il nome di Cesare Varetto, il responsabile sindacale della FIAT gambizzato l'altra sera con il bambino in braccio, non era mai comparso nelle cronache di giornale. Idem per quasi tutti gli altri venti dirigenti Fiat colpiti nell'ultimo triennio. Logica vuole che se ne tragga una conclusione: i segnali escono dalla fabbrica... Il ragionamento ripetuto dalla Fiat è chiarissimo: c'è continuità logica e politica tra la conflittualità esasperata in fabbrica e la violenza che sfocia nel terrorismo. Raccontano di certe "avanguardie" di fabbrica che minacciano i capireparto: il giorno dopo l'uccisione di Ghiglieno, una mano ignota scrisse all'interno di Mirafiori "ammazzarne uno per educarne cento". Descrivono scene di "bullonature" e "spazzolature": la prima consiste nel lancio di bulloni, l'altra è fatta di calci nel sedere contro il capo che viene spinto in corteo. Al sindacato, in questo quadro, viene addossata la responsabilità di non isolare i gruppi violenti. Perché? Forse perché sono queste avanguardie che in certi momenti danno la spallata come nei giorni del contratto».[11]

Nel 1980, l'inflazione sale al 22%, il malcontento è alle stelle, così come la sfiducia per il sistema politico. La «*maggioranza silenziosa*» si fa sentire davanti ai cancelli della FIAT di Torino con la marcia dei 40 mila colletti bianchi che chiedono di rientrare in fabbrica dopo 35 giorni di sciopero. È l'anno dell'abbattimento del DC 9 della compagnia *Itavia* sui cieli di Ustica (23 giugno), della strage alla stazione di Bologna (2 agosto), del terremoto in Irpinia (23 novembre). Sono anche i mesi in cui i terroristi di sinistra sferrano gli ultimi attacchi, quelli che precedono la definitiva dissoluzione.

11. *Un angoscioso interrogativo: i segnali escono dalla fabbrica?*, Walter Tobagi, «Corriere della Sera», 7 ottobre 1979.

8 gennaio 1980. Milano, quartiere della Barona. L'appuntato di polizia Antonio Cestari, l'agente Michele Tatulli e il brigadiere Rocco Santoro vengono bloccati da una macchina in via Schievano, mentre sono in perlustrazione su una vettura con targa civile. I tre funzionari vengono uccisi. L'attentato mortale viene rivendicato dalle Brigate Rosse-Colonna Walter Alasia.

Walter Tobagi si reca nel luogo dell'agguato. Le grida, il pianto soffocato, la rabbia dei poliziotti, la commozione dei cittadini del quartiere. È una mattinata livida di smog e di sangue.

28 marzo 1980. In via Fracchia a Genova, i Nuclei Speciali dei Carabinieri del generale Carlo Alberto Dalla Chiesa entrano di notte in un appartamento e colpiscono a morte i brigatisti Annamaria Ludman, Piero Panciarelli, Lorenzo Betassa e Riccardo Dura. Walter Tobagi viene inviato subito nel capoluogo ligure insieme al collega Antonio Ferrari. Il giorno dopo descrive il blitz dello Stato:

«*E così il mito dell'imprendibile colonna genovese, il nucleo di acciaio delle Brigate Rosse, ha subito un colpo durissimo. E l'ha subito in quella strada di Oregina dove un commando aveva teso l'agguato a Guido Rossa, il sindacalista dell'Italsider che osò denunciare Francesco Berardi, postino di fabbrica delle BR. Non tutto si può ridurre a simbologia, ma non si può nemmeno sfuggire alle coincidenze ancora una volta impressionanti... Se qualcuno credeva che il terrorismo può celarsi dietro porte insospettabili, adesso dovrà cambiare idea. E dovrà riflettere anche su quello schedario di tremila nomi trovato nell'appartamento di Genova, riprova del gran numero di persone, di obiettivi che il partito armato tiene sotto controllo. Resta da vedere, adesso, se l'irruzione alle quattro di notte, l'ora degli agguati e dei tradimenti, ha colpito il centro nevralgico o soltanto una base d'appoggio del terrorismo».*[12]

20 aprile 1980. Mancano trent'otto giorni alla sua uccisione. Sulle pagine del «Corriere», Walter Tobagi elabora l'articolo più conosciuto tra quelli dedicati al terrorismo brigatista. È la sua ultima sfida al partito armato:

«Lo sforzo che si deve fare è guardare la realtà nei suoi termini più prosaici, nell'infinita gamma delle sue contraddizioni; senza pensare che i brigatisti debbano essere, per forza di cose, samurai invincibili. Intendiamoci: le Brigate Rosse si sforzano di dimostrare una forza superiore a quella reale. Però chi vuole combattere seriamente il terrorismo non può accontentarsi di un pietismo falsamente consolatorio, non può sottovalutare la dimensione del fenomeno... La sconfitta politica del terrorismo passa attraverso scelte coraggiose: è la famosa risaia da prosciugare. Tenendo conto che i confini della risaia sono meglio definiti oggi di tre mesi fa. E tenendo conto di un altro fattore decisivo: l'immagine delle Brigate Rosse si è rovesciata, sono emerse falle e debolezze. E forse non è azzardato pensare che tante confessioni nascano non dalla paura, quanto dai dissensi interni, laceranti sull'organizzazione e sulla linea del partito armato».[13]

Il 28 maggio 1980 sei colpi di pistola dei terroristi della Brigata 28 marzo fermano il cammino di Walter Tobagi, socialista e cattolico, riformista e moderato. Massimo Fini viene svegliato da una telefonata del collega Gianfranco Venè. È quasi mezzogiorno:

---

12. *Adesso si dissolve il mito della colonna imprendibile,* Walter Tobagi, «Corriere della Sera», 29 marzo 1980.
13. *Non sono samurai invicibili,* Walter Tobagi, «Corriere della Sera», 20 aprile 1980.

«Era un periodo in cui ero disoccupato, così dormii fino a quando arrivò una telefonata di un caro collega, Gianfranco Venè. A un certo punto disse: "Certo che parlare di queste cose con tutto quello che è successo". E io risposi: "Cosa è successo?" Lui disse: "Ma non lo sai? Hanno ammazzato Walter". Io lo avevo visto nella mia mente solo pochi minuti prima, c'era in mezzo il sonno, fu un vero trauma. Mi vestii e andai a casa di Tobagi. C'era già gente, salii in camera, c'era la moglie Stella che piangeva, mi abbracciò e mi disse appunto: "Tu eri con lui ieri..." E questo è tutto».[14]

Perché uccidere proprio Walter Tobagi, tra i tanti impegnati in inchieste sul terrorismo? Secondo il capo militare della Brigata 28 marzo, Marco Barbone, il cronista del «Corriere della Sera» ricopre un ruolo di cerniera tra il sindacato dei giornalisti e il potere politico, in particolare il Partito Socialista di Bettino Craxi. Ma per Massimo Fini, i killer di Walter Tobagi non sono veri terroristi, bensì figli della borghesia illuminata, male educati e tollerati dai loro padri:

«Tobagi non fu ucciso da dei veri terroristi, fortemente, anche se malamente, motivati, alla Curcio o alla Franceschini, ma da dei figli di papà male educati, che avevano perso completamente il senso delle cose per mano dei loro genitori che fino al giorno prima (e per la verità anche dopo) avevano coccolato e vezzeggiato quei loro pargoli tanto "rivoluzionari" di cui andavano orgogliosi. "Gli adulti non seppero fare gli adulti" avrebbe scritto, in seguito, Oreste del Buono. Vengono i brividi a vedere e ascoltare le deposizioni, al processo, dei Bar-

14. Intervista a Massimo Fini, *Giallo e nero*, «Radio24 – Il Sole-24 Ore», 2005, condotto dall'autore.

bone e dei Marano: fredde, lucide e nello stesso tempo surreali, come se non si trattasse della vita e della morte di un uomo, ma stessero espletando una pratica burocratica per ottenere i benefici delle leggi sui pentiti che una classe dirigente imbelle era stata costretta a varare all'indomani dell'omicidio di Aldo Moro per tentare di sconfiggere in qualche modo – cioè in malo modo – quel terrorismo che aveva fino ad allora affrontato in modo fiacco e col quale anzi aveva spesso, nella sua componente socialista, civettato. Ma altri brividi corrono lungo la schiena nel vedere Marco Barbone, scarcerato ipso facto alla fine del processo dopo una sentenza che gli ha inflitto una condanna risibile, atteso da una folla urlante e inferocita di ragazzi e ragazze (le più scatenate) che lo insultano e lo minacciano non perché è un assassino che se ne va a piede libero, ma perché è un "delatore" che ha tradito i "compagni". Questo era il clima di quegli anni».[15]

Lo scrittore Leonardo Sciascia sostiene che Walter Tobagi «*è stato ucciso perché aveva metodo*». Quel suo metodo di lavoro, scientifico e preciso, basato su dati oggettivi non su teoremi, sulle dietrologie, alla fine gli è costato la vita.

Per la moglie Stella Olivieri, la morte del suo Walter rimane ancora oggi una ferita aperta:

«*Adesso, quando passo in via Salaino, penso che Walter è partito da lì per un'altra vita. Le pallottole, l'odio contro di lui sono una ferita aperta, sono il Male. Ma il Male non può uccidere un amore troppo forte. Oggi guardo i miei figli e sento che l'umanità di Walter continua a vivere. Un marito, un padre, un giornalista, uno storico, un sindacalista, un cattolico*

15. Intervista a Massimo Fini, «Tabloid», Istituto Formazione Giornalismo, maggio 2000.

impegnato nella sua parrocchia. Di lui si è parlato e scritto tanto, fin troppo. Ma i giovani oggi che cosa sanno di lui?»[16]

Lo stesso dolore profondo che conserva, ancora oggi, la figlia Benedetta:

«*La sua assenza, la sua morte hanno accompagnato tutta la prima parte della mia vita. Ho un calco vuoto della sua esistenza e questo è sempre stato per me assai doloroso. Mi sono ritrovata un'eredità formidabile. Per me, mettermi a studiare queste carte è stato un modo di incontrarlo. Per tornare alle origini era necessario ripercorrere tutta la sua vita. Per capirlo fino in fondo, una volta che ho avuto gli strumenti per farlo. Mio padre è stato in grado di coagulare intorno a se tutte le posizioni di coloro che credevano fermamente nel ruolo del giornalista e nel valore che ha la carta stampata, perché comunque ha un dovere di verità che serve a formare l'opinione pubblica, ad aiutare a comprendere. È il primo passo verso la crescita di un Paese*».

16. Intervista di Stella Olivieri al «Corriere della Sera», 2004.

I ragazzi della porta accanto

«*Non si entra in una organizzazione armata come si diventa colleghi di James Bond nei servizi segreti di Sua Maestà, ma si vive all'interno di un movimento fatto di estremisti di sinistra finché porti la tua critica e il tuo antagonismo alle più estreme conseguenze, cioè quelle di armarsi e di fare lotta armata.*»

Marco Barbone

Marco Barbone, Paolo Morandini, Daniele Laus, Francesco Giordano, Manfredi De Stefano, Mario Marano.

Figli di direttori di importanti gruppi editoriali come Marco Barbone, figli di critici e storici del cinema come Paolo Morandini, cresciuti tra libri, quadri d'autore, cultura, belle case, ville al mare e in montagna, ampie possibilità finanziarie.

Rampolli della borghesia milanese incrociano figli di manager come Daniele Laus, figli di operai meridionali giunti a Milano in cerca di lavoro come Manfredi De Stefano e Francesco Giordano, studenti universitari di architettura come Mario Marano.

Ragazzi comuni, educati, gentili, vestiti in modo non trasandato, che si possono incontrare sull'ascensore, al bar, a un concerto, in un negozio del quartiere, senza destare sospetto alcuno.

Però conducono una doppia vita.

Quella normale, alla luce del sole, di studenti benestanti e un po' viziati degli anni Settanta.

Quella nascosta, non del tutto compresa, forse perfino tollerata dal loro stesso ambiente familiare, di veri professionisti della violenza armata, di «*travet della tibia*», che uccidono e feriscono soltanto tra le 7 e le 11.

Sullo sfondo della storia di questi classici «*ragazzi della porta accanto*», non vi è dunque il conflitto tra il proletariato e i suoi sfruttatori. C'è invece il rapporto tra padri e figli come sostiene il giornalista Giorgio Bocca:

«*La storia della formazione "28 marzo", che ferisce il giornalista Guido Passalacqua de "la Repubblica" e uccide Walter Tobagi del "Corriere della Sera", è l'esempio del demonismo giovanile, privo di qualsiasi motivazione classista, di ogni tradizione rivoluzionaria. Insomma una storia nostra, borghese, che usa la guerriglia come un pretesto. Un po' come succede in Sicilia durante le rese dei conti della mafia: gli altri, quelli che uccidono per altri motivi, gettano nel mucchio anche i loro cadaveri. I giovani che compongono la "28 marzo" sono quasi tutti studenti, figli di giornalisti, amici di giornalisti. Marco Barbone e Paolo Morandini sparano su due che fanno il lavoro dei loro padri, che conoscono i loro padri, che rappresentano i loro padri. E anche Daniele Laus e Mario Marano, altri due della "28 marzo", sono figli della borghesia intellettuale di sinistra…*

I loro nemici, odiati e mitizzati, non sono Agnelli o Andreotti, ma il giornalista Pansa che ha scritto cose "infami" sulle Brigate Rosse, il giornalista Passalacqua, il traditore, passato da Lotta Continua a un giornale borghese, "la Repubblica", il giornalista Tobagi, un "obiettivo storico", il nemico numero uno in quanto è presidente dell'Associazione Lombarda dei

Giornalisti. Più il sottoscritto, si intende, inimico ma di altra generazione...»[1]

Nei giorni che seguono l'omicidio di Walter Tobagi, una signora torinese viene invitata nell'abitazione di uno dei più noti industriali italiani.

Sono ore di piombo e di morte.

La polizia vigila agli ingressi, nelle ville si notano sistemi d'allarme e porte blindate dovunque.

La signora deve recarsi alla toilette, passa davanti a una stanza e osserva tre ragazzi che ridono e ascoltano la musica.

Uno di loro è il figlio di un invitato, stretto collaboratore dell'imprenditore.

Gli altri due provengono da Milano, amici del figlio, compagni di scuola.

Sono due futuri imputati al processo «Rosso-Tobagi», due assassini del cronista del «Corriere della Sera».

Presentati alla signora che lavora in una importante casa editrice, le chiedono subito come possono ottenere lavori di traduzione.

Sono i padri uccisi dai figli.

Come un macabro rituale, una saga antica, a cui la storia ha più volte assistito nel passato.

Non sono assassini spinti dalla forza emotiva di una ribellione generazionale.

Peggio.

Perché in questa storia moderna, ci sono adulti non ancora diventati grandi.

E ci sono figli annoiati e privi di cultura, con i portafogli riempiti di banconote dai padri.

---

1. Giorgio Bocca, *Noi terroristi*, Garzanti, Milano 1980.

Di sera frequentano i salotti buoni della borghesia intellettuale e progressista, quella che sogna rivoluzioni, purché siano lontane dai loro beni materiali, e giustifica spesso il ricorso da parte dei movimenti a forme estreme di lotta.

Di mattina, invece, osservano gli spostamenti dei colleghi dei loro genitori, oliano pistole, rivoltelle, fucili, e alla fine li uccidono.

Poi brindano felici in trattoria e tornano a dormire nelle loro belle case.

Si travestono da guerriglieri *Tupamaros*, emulano le gesta dei protagonisti dei film del regista americano Sam Peckinpah, *Mucchio selvaggio*, e di Sergio Leone, *Giù la testa*, con tanto di impermeabile per nascondere armi lunghe ed esplosivi.

Ma loro non vivono nel far west americano, non sono cercatori d'oro, non custodiscono mandrie di bufali, non sono costretti a dormire in un sacco a pelo sotto le stelle, neppure si devono difendere da dittature militari come tanti loro coetanei in Cile, Argentina, Uruguay, Guatemala.

Sono ragazzi che vivono in Italia, in un Paese dove la democrazia è certamente imperfetta, dove gli squilibri e le differenze risultano marcati. Il Paese delle stragi impunite, delle inchieste insabbiate, delle ingiustizie sociali, dove però si vota e ogni forza politica ottiene rappresentanza e visibilità.

Ma loro non conoscono le regole della democrazia, perché sono figli protetti e coccolati da quello stesso sistema che intendono distruggere con la violenza delle armi.

Marco Barbone nasce a Bari il 18 settembre 1958.

Famiglia agiata, benestante, ricca.

Il padre Donato Barbone è direttore editoriale della Sansoni, società della Rizzoli. Uomo di sinistra, noto per le sue battaglie progressiste in Puglia nel Partito Comunista Italiano, poi a Milano, dopo il 1968, alla guida dei genitori democratici del COGIDAS.

Carattere duro, abituato a gestire il proprio lavoro nella massima autonomia.

Donato Barbone è un profondo conoscitore del mercato culturale, scopritore di giovani poeti e scrittori, traduttore preciso e competente, stimato in Italia, relatore a numerosi convegni a livello internazionale, già manager della Mondadori e Laterza.

È un vero talent scout che conosce bene Walter Tobagi.

Marco Barbone, soprannominato «*barboncino*», è il più piccolo di tre fratelli.

Luca è uno dei fondatori del Gruppo Gramsci, poi confluito nella rivista autonoma «Rosso».

Giovanni milita nel Movimento Studentesco.

Nel 1972, Marco Barbone si iscrive al liceo classico «Giovanni Berchet» di Milano.

I leader politici dell'istituto sono in gran parte militanti di Lotta Continua: Gad Lerner, Mario Tedeschi, Ruggiero Gherlizza, Jacopo Fo, figlio dell'attore e regista Dario Fo.

Marco Barbone entra nei Collettivi Politici Studenteschi (CPS).

Sono gruppi di base creati da Lotta Continua nel territorio nazionale, composti da ragazzi delle scuole medie superiori: licei, istituti tecnici industriali e professionali.

Il loro intervento non è solo limitato a evidenziare le carenze delle strutture scolastiche e dei programmi didattici: agibilità politica, controinformazione, controcultura. È una ribellione profonda e radicale contro i valori arcaici e immutabili della società italiana.

Quei giovani si organizzano in un coordinamento cittadino nella sede di Lotta Continua di via De Cristoferis, a Milano.

Usciranno da Lotta Continua perché ritenuta troppo moderata, ben prima del congresso di Rimini del 1976, quando l'organizzazione si scioglie in modo definitivo.

A Milano, la sinistra extraparlamentare è guidata da gruppi che si muovono come veri partiti. Movimento Lavoratori per il Socialismo, Avanguardia Operaia, Quarta Internazionale, Lotta Continua. Scelgono una politica legale: comitati centrali, segreterie, cellule decentrate nei quartieri, servizi d'ordine, strutture di base (CUB, CPS). Le loro battaglie sono quelle storiche della sinistra: antifascismo, salvaguardia delle fasce più povere del Paese, salario garantito, istruzione statale, servizi sociali gratuiti, calmiere degli affitti per tutti.

Sono gli anni dei comitati per la liberazione di Pietro Valpreda, incriminato innocente per la strage di piazza Fontana, delle manifestazioni contro il colpo di Stato del generale Augusto Pinochet in Cile (11 settembre 1973), della straordinaria mobilitazione internazionale contro l'intervento militare americano in Vietnam (terminerà il 23 gennaio 1973 con lo storico accordo di pace firmato a Parigi), delle ristrutturazioni dei grandi comparti produttivi del cosiddetto «*triangolo industriale*» (Milano, Torino, Genova).

Ma nelle piazze, il livello di violenza risulta ormai sopra il limite di guardia.

Giovani della sinistra milanese vengono colpiti e uccisi da neofascisti, dalle forze di polizia: Roberto Franceschi (23.1.1973), Claudio Varalli (16.4.1975), Giannino Zibecchi (17.4.1975), Antonio Brasili (25.5.1975), Gaetano Amoroso (30.4.1976).

Gruppi di autodifesa praticano invece il cosiddetto «*antifascismo militante*»: agguati, aggressioni, pestaggi davanti alle scuole, attentati contro cose e persone. In una di queste azioni viene ferito a morte, a colpi di chiave inglese, il giovane militante del Fronte Della Gioventù, Sergio Ramelli (13.3.1975). Anni dopo, saranno processati e condannati alcuni iscritti ad Avanguardia Operaia.

Tra il 1974 e il 1976, si forma parallelamente un'area politica magmatica che rompe con gli schemi e le gerarchie dei partiti della sinistra tradizionale ed extraparlamentare.

È composta da studenti, operai, precari, disoccupati, ma anche da giovani provenienti dai ceti medi e alti della società italiana.

Rifiutano l'omologazione e si battono per una autonomia.

Si organizzano in collettivi che coagulano fermenti e bisogni delle periferie metropolitane di Milano, Torino, Genova.

Due riviste, «Senza Tregua» e «Rosso», restano i punti di riferimento per migliaia di persone in cerca di un'identità politica: rielaborano ideologie degli anni Sessanta e le rendono compatibili con una nuova potenziale base di mobilitazione di massa.

«Senza Tregua» è legata all'operaismo tradizionale, «Rosso» invece propone la nuova teoria «*dell'operaio sociale come soggetto rivoluzionario*».

Nello scontro interno alla leadership, le componenti che scelgono la lotta armata dispongono di maggiori capacità operative. Così, in alcuni comitati di quartiere e collettivi autonomi, prevale ormai da mesi doppia militanza e doppio livello di intervento, legale e illegale.

Enrico Baglioni, ex operaio della Magneti Marelli, poi militante di Prima Linea, sostiene che il suo gruppo esce da Lotta Continua e ripropone il tema dell'antifascismo a Milano, dopo l'omicidio dello studente Claudio Varalli, in piazza Cavour a Milano.

Sergio Segio è un ex dirigente di Lotta Continua, confluito in «Senza Tregua», poi diventato uno dei capi militari di Prima Linea. Nel 1975, insieme ad altri, contribuisce alla nascita di un'area organizzata e autonoma, che si differenzia dalle Brigate Rosse per analisi politiche, riferimenti ideologici e modalità operative:

«*In quei giorni dell'aprile 1975, andai alle manifestazioni armato di pistola. Non c'era ancora Prima Linea ma stavamo già costruendo una realtà organizzata e autonoma...*

Eravamo diversi dalle Brigate Rosse. Loro erano stalinisti, quelli del partito sopra tutto, roba da terza internazionale, bolscevichi. Avevano un disprezzo per ciò che proponeva il movimento. Noi, invece, di quel magma, eravamo protagonisti, una parte importante. Alle manifestazioni ci andavamo armati ma facevamo politica nelle fabbriche, nei quartieri, tra i giovani emarginati. Quel movimento, insomma, ci conosceva. Ritengo perciò che la storia di Prima Linea e quella delle BR avessero radici, contenuti, analisi provenienti da mondi assai differenti. Rispetto alle BR, noi avevamo un rapporto stretto, di confronto con tutte le realtà sociali in cui agivamo. Le BR invece hanno sempre guardato al movimento come un serbatoio da cui attingere militanti. Una massa da arruolare, una dinamica più militare e più simile a una logica di guerra. Credo che una lettura in termini tristemente concorrenziali, tra noi e le Br, sia soltanto superficiale. Eravamo meno rigidi. Infatti dicevamo all'inizio di non essere dei clandestini. Volevamo mantenere un cordone ombelicale con il movimento e con gli strati sociali di riferimento».[2]

---

2. Da un'intervista di Sergio Segio all'autore, cfr. *Il delitto D'Antona*, Mursia, Milano 2001.

È il periodo delle occupazioni di case popolari e capannoni industriali rimasti sfitti dal Comune di Milano, dei circoli del «*proletariato giovanile*», delle autoriduzioni dei biglietti del tram, cinema e teatri, delle durissime contestazioni alle star del rock (resteranno famose quelle inscenate ai concerti di Lou Reed e Alan Stivell nel 1975 al Palalido, di Carlos Santana nel 1977 al Vigorelli), degli «*espropri proletari*» nei negozi di abbigliamento e supermercati alimentari.

Sono i mesi del cosiddetto «*terrorismo diffuso*», dove viene compiuta una capillare e strategica operazione di reclutamento: alla lotta armata si affacciano centinaia di giovani. Marco Barbone appartiene a quella generazione.

Carismatico e violento, convinto delle sue idee rivoluzionarie, sempre schierato nella prima fila del servizio d'ordine del Collettivo Politico Studentesco del liceo «Giovanni Berchet». Chiave inglese nel giubbotto, bottiglie molotov nella borsa, una pistola in tasca. Organizza cortei, volantinaggi e occupazioni ma anche ripetuti attacchi contro neofascisti, forze dell'ordine, militanti di altri gruppi della sinistra extraparlamentare.

Marco Barbone non è solo. Nel CPS, entrano anche Mario Ferrandi detto «*Coniglio*» e Paolo Morandini.

Paolo Morandini nasce a Milano il 5 luglio 1959.

È figlio di Morando Morandini, critico del quotidiano «Il Giorno» e storico del cinema, proboviro dell'Associazione Lombarda dei Giornalisti presieduta da Walter Tobagi, docente alla Scuola di giornalismo dell'Università Cattolica di Milano.

Laura è la madre. Pure lei giornalista, critica cinematografica, negli anni della contestazione segretaria del gruppo dei «*giornalisti democratici*».

Paolo Morandini è il terzogenito, unico maschio.

Cresce in una famiglia anticonformista, vivace, aperta, in una casa dove, per un periodo, si è scritto il «BCD» (Bollettino di controinformazione democratica) che ha dato voce alle prime battaglie di magistrati, medici, psichiatri democratici.

I Morandini sono intellettuali di sinistra che, a quel tempo, fanno riferimento al Partito Comunista Italiano, proprio come Donato Barbone.

Paolo Morandini è però chiuso in se stesso, freddo, spesso indifferente a qualsiasi raccomandazione della sua famiglia, annoiato dalle riunioni mondane dei genitori.

Al liceo «Berchet» conosce Marco Barbone, di due anni più grande di lui, nell'anno scolastico 1975-1976. Barbone sarà promosso all'esame di maturità. Morandini, bocciato, si trasferirà poi al liceo «Manzoni».

Intorno al Collettivo Politico Studentesco gravita Roberto Serafini, redattore della rivista «Rosso», dal carattere tranquillo e silenzioso, grande esperto di armi. Lui avvicina Marco Barbone, Paolo Morandini, Mario Ferrandi e altri ragazzi, li invita alle riunioni politiche delle strutture illegali di un'area che, anni dopo, gli inquirenti definiranno come Brigate Comuniste-Rosso. Jacopo Fo, uno di quei giovani del «Berchet», riuscirà a uscire dal giro in extremis, comunque prima di finire nei guai.

Nel corso del tempo, Roberto Serafini entrerà prima nelle Formazioni Comuniste Combattenti, poi nelle Brigate Rosse-Colonna Walter Alasia.

Di quest'ultima organizzazione diventerà militante «*regolare*». Nome di battaglia, Marco.

La sera dell'11 dicembre 1980, sarà ucciso dai proiettili del Gruppo Speciale Antiterrorismo in via Varesina, a Milano, insieme a Walter Pezzoli, conosciuto nelle Brigate Rosse con il nome di Giorgio.

Marco Barbone e Paolo Morandini approdano dunque nelle organizzazioni clandestine tramite Roberto Serafini. È lui il loro padrino nel partito armato, una sorta di «*maestro dei novizi*»:

«*Non si entra in una organizzazione armata come si diventa colleghi di James Bond nei servizi segreti di Sua Maestà, ma si vive all'interno di un movimento fatto di estremisti di sinistra finché porti la tua critica e il tuo antagonismo alle più estreme conseguenze, cioè quelle di armarsi e di fare lotta armata. Io facevo il Collettivo Politico Studentesco (CPS) del "Berchet" e, siccome avevo una posizione di responsabilità ed ero una figura emergente del collettivo, sono stato avvicinato da una persona (che poi purtroppo è morta in un conflitto a fuoco) che non mi disse nulla di particolare, mi invitò a una serie di riunioni, dove affrontavamo l'analisi dei fatti secondo un altro punto di vista, e facevamo un lavoro politico.*

Le Brigate Rosse non sono nate nella sede del SISDE piuttosto che del KGB, sono nate nella lotta operaia, nel conflitto sociale. "Prima Linea" era fatta da persone che incontravi a Sesto S. Giovanni davanti alla Marelli, il signor Baglioni era il capo della Marelli di Sesto S. Giovanni: erano assolutamente all'interno di un tessuto sociale...

Io avevo una mentalità per cui ciò che non andava era da sfasciare: non mi andava il potere politico, allora andava fatta la rivoluzione. Avevo una mentalità utopista, idealista».[3]

BRIGATE COMUNISTE-ROSSO

In tutto 85 inquisiti, in gran parte uomini (83,3%), il resto donne (16,5%). Studenti, operai, professionisti, attivi in

3. Intervista di Marco Barbone al settimanale «Tempi», 2003.

Lombardia, di un'età compresa tra 21 e 30 anni, studi superiori e universitari. Compiono attentati e irruzioni contro ditte e piccole imprese, centri di spaccio di eroina, stazioni o caserme di vigili urbani e carabinieri, sedi della Democrazia Cristiana, strutture carcerarie, espropri di autofinanziamento, saccheggi nei supermercati e negozi di abbigliamento.

11 SETTEMBRE 1975
Secondo anniversario del colpo di Stato in Cile.

Una squadra di «Rosso» attacca una sezione del Partito Socialdemocratico Italiano, di poco accanto alla zona universitaria.

Roberto Serafini sfonda la porta con una spallata.

Marco Barbone e altri giovani lanciano dentro la sede numerose bottiglie molotov.

L'incendio è di notevoli proporzioni.

Nel marzo 1976, dopo alcuni attentati alle colonnine della polizia, avviene la prima azione di rilievo.

Un nucleo di «Rosso» si stacca da un corteo sindacale, entra nella sede della Confapi, obbliga ai dipendenti l'evacuazione dal palazzo, incendia i locali della associazione imprenditoriale con bottiglie molotov e taniche di benzina. Poi, tra gli applausi generali, rientra nella manifestazione. Il gruppo è formato tra gli altri da Marco Barbone, Gianfranco Pancino, Mario Ferrandi.

Il gruppo si specializza negli «*espropri proletari*». Prende di mira una pellicceria del centro, un grande negozio di gastronomia, un ottico. Poi, pistole alla mano e a volto scoperto, compie razzie in un supermercato. Le reclute armate nel movimento di massa di quei mesi, sono poche, ma bastano.

20 GIUGNO 1976. ELEZIONI POLITICHE
Democrazia Proletaria convince solo l'1,5% degli italiani. La delusione dei militanti della Nuova Sinistra è forte, i risultati sono insoddisfacenti. I limiti che emergono sono teorici, politici, analitici. Così, quella parte di movimento che pratica da anni l'«*antifascismo militante*», compie un'accelerazione violenta. In pochi però diventeranno terroristi.

Dal 26 al 30 giugno 1976, al Parco Lambro di Milano si tiene la sesta Festa del Proletariato Giovanile. È organizzata da Re Nudo con l'appoggio di Partito Radicale, Lotta Continua, IV Internazionale, Falce Martello, e le riviste «Rosso», «A rivista anarchica», «Umanità Nova».

Migliaia di giovani giungono da ogni parte del Paese. Per quattro giorni, quel parco della periferia di Milano si trasforma in una piccola Woodstock all'italiana.

Sul palco si esibiscono, tra gli altri, Area, Canzoniere del Lazio, Eugenio Finardi, Sensation's Fix, Ricky Gianco, Agorà, Toni Esposito, Don Cherry.

Alcuni militanti di «Rosso» e dei Collettivi Autonomi milanesi organizzano espropri all'interno e all'esterno del Festival: assalto al furgone della carne e al chiosco ristorante *La Capanna dello Zio Tom*, totale distruzione dello stand del collettivo omosessuale Fuori, irruzione nel Supermercato di via Feltre. Uno degli organizzatori degli espropri ammette:

«*Esproprio... è giusto da un punto di vista politico... il problema è di organizzarci partendo dai nostri bisogni, all'interno delle situazioni in cui siamo e quindi, dopo il Festival, riprendere questa problematica e questa pratica, concretamente, nei quartieri, nelle fabbriche e darci una definizione politica generale... contro la crisi e contro il capitale, senza delega a nessuno... perché all'interno di un processo politico l'auto-*

nomia cresca e si affermi proprio come unica alternativa per una società basata sull'abbattimento del lavoro salariale...»[4]

E un altro ragazzo dal palco dove si svolge l'assemblea rincara la dose:

«*Il discorso dell'esproprio, non è sbagliato in sé, è sbagliato il momento in cui si fa. Non bastano cinquanta persone per fare l'esproprio. Perché questi compagni non riescono a organizzare migliaia di operai per fare l'esproprio? Sono loro quelli che contano, che decideranno, che faranno la rivoluzione, è loro che bisogna portare a fare l'esproprio...»*[5]

Per Marco Barbone, le violenze alla sesta Festa del Proletariato Giovanile del 1976 al Parco Lambro sono «*un'occasione per aggredire la città*».

Sono i giorni in cui l'organizzazione Brigate Comuniste-Rosso si trasforma.

C'è una segreteria territoriale che coordina l'attività di numerosi comitati di base come il Collettivo Barona e il Collettivo Romana-Vittoria. Agiscono nei quartieri e praticano la violenza armata contro quelle piccole aziende accusate di favorire il lavoro nero: irruzioni nelle ditte Rosy, Alco, Splendor, Elecrovaren.

Come scatole cinesi, si inseriscono una segreteria operaia, una segreteria soggettiva, una commissione carcere e un settore logistico che fa capo a Corrado Alunni, clandestino, uno dei fondatori delle Brigate Rosse, poi uscito per divergenze politiche.

In modo improvviso, i militanti delle Brigate Comuniste-Rosso innalzano il livello della violenza praticata fino a quel

---

4. Intervista all'autore, Radio Lombardia, 1976.
5. Intervista all'autore, Radio Lombardia, 1976.

momento. Le squadre armate, i nuclei, utilizzano armi ed esplosivi, nascosti in depositi sparsi nella città.

L'organizzazione conserva dunque un livello pubblico, rappresentato dai collettivi operai-studenti, dai collettivi autonomi di quartiere. Al loro interno si formano nuclei armati. Non è necessario che sia palese a tutti i militanti l'esatta composizione.

11 FEBBRAIO 1977
Quelli delle Brigate Comuniste-Rosso devastano la sede della Face Standard di Milano.

Due giorni dopo, si spostano a Bergamo dove si sta costruendo il nuovo carcere. È la prima azione rivendicata all'esterno con un documento politico articolato, una sorta di risoluzione strategica.

12 MARZO 1977
Marco Barbone partecipa all'azione contro Assolombarda di via Pantano, a Milano. Nel giaccone porta una pistola Beretta calibro 22 modello 74. Cadono in frantumi i vetri antiproiettile, numerosi colpi di Winchester saranno sparati quel giorno dai gruppi autonomi. Un vigile viene perfino disarmato.

18 APRILE 1977
Fa parte del commando che ferisce il capo del personale della Vanossi, Bruno Runcato con la stessa calibro 22 utilizzata contro Assolombarda.

Marco Barbone è giovane, solo diciannove anni, ma conosce già i segreti delle armi, piccoli e grandi calibri di fucili e rivoltelle. Giorno dopo giorno si prepara a compiere il cosiddetto «*assalto al cielo*». Va avanti, indisturbato, impunito, tollerato, fino a compiere il gesto eclatante, racchiuso in una fotografia in bianco e nero, diventata il simbolo degli «*anni di piombo*».

14 MAGGIO 1977. È SABATO POMERIGGIO

Democrazia Proletaria e Lotta Continua chiamano in piazza i loro militanti e simpatizzanti. Pochi giorni prima sono stati arrestati gli avvocati Giovanni Cappelli e Sergio Spazzali, accusati di associazione sovversiva e banda armata per la loro attività in Soccorso Rosso.

I gruppi della sinistra extraparlamentare mantengono la testa della manifestazione. Gli autonomi restano in coda, controllati, tenuti a distanza da alcune file di servizio d'ordine. Lanciano il loro slogan preferito, «*Dall'Asinara all'Ucciardone un solo grido, evasione*».

In via San Vittore gli autonomi cambiano strada. Non più dietro a LC e DP, ma da soli.

Un corteo di almeno mille persone si stacca, passa sotto le mura del carcere, svolta in piazza Sant'Agostino, imbocca via Olona e raggiunge via De Amicis.

Marco Barbone, Walter Grecchi, Maurizio Azzolini, Massimo Sandrini, Giuseppe Memeo, Mario Ferrandi, Paolo Morandini, Enrico Pasini Gatti.

Alcuni di loro appartengono al Collettivo Romana-Vittoria, una delle tante propaggini di «Rosso». Altri al Collettivo Barona. C'è chi frequenta l'«Istituto Cattaneo» per ragionieri e geometri.

Alle 17,50, in via De Amicis è già schierato un plotone di poliziotti.

Parte qualche sasso, una molotov, ma gli agenti sono lontani almeno quaranta metri.

Dai giubbotti degli autonomi, in molti estraggono armi da fuoco lunghe e corte.

Sarà una pistola calibro 7,65 a uccidere il vicebrigadiere di pubblica sicurezza Antonio Custrà.

Gli agenti Salvatore Bisestri e Michele Santoro restano feriti, il passante Marzio Golinelli perderà un occhio.

Sull'asfalto di via De Amicis, gli investigatori ritrovano, verso sera, decine di bossoli calibro 7,65, 22, 9, 38, pallettoni di lupara. Un testimone sostiene perfino di aver visto due ragazzi con bombe a mano tipo «*ananas*».

Marco Barbone descrive così l'azione:

«*Noi eravamo armati in questa maniera: io con un fucile a canne mozze, "Terrone" (Giuseppe Memeo), con la 22 Beretta modello 74, che era stata in mano a me nel corteo del 12 marzo 1977 e a Pino nel successivo corteo del 18 marzo 1977, Pablo (Enrico Pasini Gatti), con una 7,65, Giancarlo De Silvestri con una 38 special, Luca Colombo e "Coniglio" (Mario Ferrandi), con armi che non ricordo, mentre Paolo Morandini era disarmato. C'erano anche quelli del "Cattaneo", anche loro armati... Improvvisamente, senza che dalla polizia fosse stata assunta iniziativa alcuna e senza un grave motivo di apparente pericolo, il "Terrone" e il "Pablo" cominciarono a sparare con le armi delle quali erano in possesso. Dopo questi primi spari i compagni che erano armati cominciarono a sparare a loro volta; io, personalmente, ricordo di aver esploso un colpo con un fucile a canne mozze in direzione della polizia, ma perfettamente consapevole che per le caratteristiche dell'arma i pallettoni non potevano raggiungere i poliziotti... Le armi furono da noi successivamente restituite a Corrado Alunni*».[6]

Enrico Pasini Gatti, anche lui militante di «Rosso», si trova di poco accanto a Marco Barbone nell'assalto armato

6. Interrogatorio di Marco Barbone, 9 ottobre 1980.

contro le forze di polizia in via De Amicis. È uno dei responsabili della rete logistica dell'organizzazione, la «*rete amica*». Armi, esplosivi, bottiglie incendiarie, spranghe di ferro e chiavi inglesi. Tutto viene nascosto in borsoni trasportati in luoghi sicuri: cantine e mansarde delle belle case della borghesia illuminata e progressista milanese. Quello di Pasini Gatti, è dunque un punto di vista privilegiato:

«*Noi di "Rosso" eravamo nelle prime posizioni del corteo. Ricordo che avanti c'era di sicuro Oreste Scalzone in bicicletta, senza alcuna arma. Nelle prime file vi erano persone più rappresentative di "Rosso", molti dei quali erano armati. In particolare, ricordo che Marco Barbone aveva un fucile a canne mozze che montò in corteo (non so chi glielo avesse dato e dove venisse tenuto di solito, in quanto il luogo di occultamento delle armi era noto solo ad alcuni, in particolare a Mario Ferrandi). A proposito di questo devo dire che una volta Barbone, non so in quale periodo, mi fece vedere che nella cantina di casa sua, in una vecchia stufa, teneva nascoste delle armi. Erano pistole: me le fece vedere e non so se poi siano servite per qualche operazione…*

Ammetto di aver avuto una 7,65 Beretta datami da Barbone, che tenevo nella stessa sacca delle molotov. Non la volevo, ma Barbone me la diede a metà corteo, quando venne fatta da Barbone la distribuzione delle armi. Era Barbone a portare la borsa con le armi del Collettivo Romana-Vittoria…Nego invece la circostanza relativa al fatto che le armi siano state portate in un abbaino di un mio amico. Ho lasciato effettivamente le molotov in via De Amicis, mentre la pistola la portai con me e la restituii a Barbone in piazza Cadorna. Barbone, alla fine della manifestazione, fece la raccolta delle armi e credo le abbia portate ove aveva allora un recapito in via Rosolino Pilo. Era una specie di abbaino in una casa di ringhiera, ove lui abitava all'epoca con Caterina Rosenzweig. La casa, senza servizio, era di un amico di Caterina che all'epoca era in India».[7]

Nel primo processo, Walter Grecchi, Maurizio Azzolini, Massimo Sandrini, vengono condannati per concorso morale nell'omicidio del vicebrigadiere Antonio Custrà. Nell'ultima e più aggiornata inchiesta, il giudice milanese Guido Salvini riesce a identificare i colpevoli attraverso l'esame di numerosi scatti sequestrati a un fotografo dilettante.

Secondo i giudici di Milano, i responsabili della morte del poliziotto sono Luca Colombo, Massimo Gilbertini, Giancarlo De Silvestri, Raffaele Ventura, Enrico Pasini Gatti, Mario Ferrandi, Pietro Mancini, Giuseppe Memeo e Marco Barbone, che chiede e ottiene di essere ammesso al patteggiamento.

Per Barbone, l'azione armata contro le forze dell'ordine del 14 maggio 1977 rappresenta soltanto la parte iniziale della sua carriera di terrorista. La sua scalata nel mondo dell'eversione avviene mentre l'organizzazione Brigate Comuniste-Rosso entra in un tunnel senza alcuna via d'uscita.

Il problema politico attorno al quale matura la scissione è la scelta tra illegalità di massa e logica dell'organizzazione combattente. Se si alza il livello di scontro armato, un gruppo numeroso ma fragile come Brigate Comuniste-Rosso, prima o poi fa i conti con la repressione dello Stato. Quindi ogni militante sceglie clandestinità e latitanza.

Toni Negri, Gianfranco Pancino e Fausto Tommei intendono costituire un supporto organizzativo di servizio e di

---

7. Deposizione di Enrico Pasini Gatti, processo di primo grado «Rosso-Tobagi», aula bunker Tribunale di Milano, 1983.

sostegno rispetto alla violenza diffusa nel movimento. Marco Barbone e altri progettano una struttura slegata dall'attività dei collettivi che fanno politica senza nascondersi.

La paralisi della Segreteria, dovuta alle sue enormi dimensioni, determina una frattura netta all'interno di Brigate Comuniste-Rosso.

Inizia il periodo dei cosiddetti «*gruppi di discussione*», durante i quali prende forma la nuova Organizzazione.

Tra settembre e dicembre 1977, nascono infatti le Formazioni Comuniste Combattenti (FCC).

Sono 121 le persone inquisite e condannate, il 72% uomini, il 28% donne, di un'età compresa tra 21 e 35 anni, studenti, operai, impiegati.

Le FCC operano in Lombardia, Piemonte, Emilia Romagna, Toscana, Lazio, Campania.

I fondatori lombardi provengono, in particolare, da quattro piccoli gruppi politici: Collettivo Romana-Vittoria, Collettivo Sempione, Collettivo Autonomo di Luino e Collettivo Autonomo di Varese.

Secondo quanto scritto nello statuto, gli attivisti mantengono la loro identità legale e l'occupazione legittima, lasciando clandestina solo l'appartenenza all'organizzazione. Intendono costruire «*una rete di pronta mobilità quale espressione della capacità di organizzare un movimento reale*».

Il modello organizzativo delle Formazioni Comuniste Combattenti si basa dunque sulla non clandestinità dei militanti e sulla presenza di strutture di reclutamento, le Squadre Armate Proletarie (SAP).

Sono organismi autonomi che agiscono nei Comitati Operai, specializzati nel recupero di armi e munizioni, nell'autofinanziamento attraverso rapine ed espropri.

Alle Squadre Armate Proletarie, viene comunque assegnato un limitato raggio di azione: quello delimitato dalle periferie delle grandi città del Nord.

Marco Barbone aderisce così alle Formazioni Comuniste Combattenti.

18 GENNAIO 1978

I carabinieri Claudio Perosino e Guido Bressan sono di servizio esterno intorno al carcere di massima sicurezza di Novara.

Il loro turno termina poco prima delle 19.

Si avviano così verso la caserma a bordo di una camionetta.

Una persona, con il volto coperto da passamontagna, li blocca a un incrocio.

Porta nelle mani un fucile a canne mozze.

Colpisce i carabinieri.

Un altro terrorista spara numerosi colpi contro la loro vettura.

Perosino e Bressan si trovano ormai sul fondo del veicolo dotato di vetri anti-proiettile, di porte blindate e centralizzate.

La radio è accesa. Scatta l'allarme.

Giungono sul posto altri colleghi.

I terroristi fuggono nell'ombra della sera.

I due carabinieri si salvano di un soffio.

Gli inquirenti trovano sul luogo dell'attentato otto bossoli esplosi calibro 12 e un coperchietto di un fucile automatico Breda perso dagli attentatori.

Poco dopo, viene diffuso a Milano, Bologna e in altre città un volantino in cui la nuova sigla rivendica l'agguato davanti al carcere di Novara: FCC, Formazioni Comuniste Combattenti.

«*Abbiamo annientato una ronda di carabinieri della brigata speciale di Dalla Chiesa.*»

Marco Barbone, però, non partecipa all'operazione militare:

«*Questa azione fu la prima operazione con la quale ci presentammo all'esterno. Proprio perché doveva essere l'operazione di esordio delle Formazioni Comuniste Combattenti, essa fu studiata a lungo, sia perché si voleva esordire con un'azione eclatante, sia perché questa presentava indubbie difficoltà pratiche. Il nucleo operativo doveva essere e fu costituito da Corrado Alunni, Francesca Bellerè, Luca Colombo, Svampa e Maria Teresa Zoni. Praticamente tutto il nucleo, a eccezione di Corrado Alunni per ovvi motivi, effettuò vari sopralluoghi nella zona del carcere e, prima dell'azione, fece parecchio addestramento con l'uso delle armi, in una vecchia miniera in disuso sopra Varese. Tra l'altro, quella dell'addestramento prima di ogni azione, era una consuetudine diffusa nella nostra organizzazione. Io stesso feci addestramento in quella miniera, ad esempio prima di una rapina in banca…*

L'azione si doveva svolgere con Corrado Alunni e Maria Teresa Zoni che avrebbero sparato, Francesca Bellerè che avrebbe guidato e Svampa che avrebbe fatto da copertura con un fucile. Tutto si svolse secondo il piano: spararono proprio Alunni e Zoni che poi fuggirono con gli altri due. L'azione riuscì solo in parte perché il suo fine era certamente l'annientamento dei due carabinieri, come fu anche scritto nel volantino con cui avvenne la rivendicazione».[8]

L'attentato contro i carabinieri di Novara fallisce non soltanto sul piano militare. Il giorno dopo, nessun quotidiano riporta la notizia. Nemmeno una riga nelle pagine di cronaca. Un silenzio generale, uno strano black out. Eppure l'a-

8. Interrogatorio di Marco Barbone del 12 ottobre 1980.

zione dei terroristi intende colpire funzionari dello Stato, la potenza di fuoco è impressionante, gli apparati di intelligence dovrebbero essere allarmati. Invece, non accade nulla. La nuova Organizzazione ha fretta, deve comunicare subito all'esterno il suo progetto politico-militare. Attende due settimane e prepara un blitz armato contro un mezzo di informazione.

3 FEBBRAIO 1978. MILANO, VIALE GRAN SASSO 43

Un cancello verde, un citofono che spesso non funziona, una leggera discesa.

Si gira a sinistra, tre gradini di marmo, la porta è a volte socchiusa.

In un seminterrato c'è la sede di Radio Lombardia, storica emittente vicina alla federazione milanese del Partito Socialista Italiano.

Musica di qualità, giornali radio, servizi di approfondimento, microfoni aperti su temi di attualità, ma scarsi finanziamenti.

Il commando percorre il minuscolo corridoio tappezzato da moquette color ocra e si intrufola nello studio in fondo a destra.

Un vecchio mixer, due microfoni, un tavolo per la lettura dei notiziari, un armadio con un centinaio di dischi.

Le Formazioni Comuniste Combattenti, armi in pugno, costringono i redattori a trasmettere un comunicato che rivendica l'agguato contro i carabinieri di Novara e forniscono alcuni nomi di obiettivi da colpire. Sono i giornalisti Giorgio Bocca, Giampaolo Pansa e Walter Tobagi.

Per il cronista del «Corriere della Sera» Tobagi, i terroristi pensano a un sequestro lampo nei primi giorni di febbraio 1978. In cambio della sua liberazione, chiedono la pubblicazione sui quotidiani di un ampio documento sull'azione di Novara.

Caterina Rosenzweig, Antonio Marocco, Guido Pietro Felice, Massimo Battisaldo, Rocco Ricciardi si piazzano nei pressi dell'abitazione di Walter Tobagi.

Si trovano all'interno di un camioncino, rubato il 30 gennaio 1978 a Porta Genova.

Ma del giornalista del «Corriere della Sera» nessuna traccia.

A un tratto, vedono arrivare una pantera della polizia. Si avvicina al camioncino poi si allontana senza effettuare alcun controllo.

Solo una settimana prima, a Firenze, militanti di Prima Linea, in una situazione analoga, colpiscono una vettura della polizia in perlustrazione.

Tutti hanno paura, sbirri e terroristi.

Il progetto viene definitivamente abbandonato.

Rocco Ricciardi, militante delle Formazioni Comuniste Combattenti a Varese, è uno degli organizzatori del mancato sequestro di Walter Tobagi. Con la sua testimonianza entra così nei dettagli dell'operazione:

«*Del settore informazione si occupava Barbone, motivo per cui si esaminò in particolare con lui e la sua ragazza, Caterina Rosenzweig, quale avrebbe potuto essere il giornalista idoneo allo scopo. Rammento che nel corso della discussione si fece dapprima il nome di Giorgio Bocca, che venne scartato per la sua collocazione politica troppo spostata a sinistra, e Marco Barbone fece il nome di Walter Tobagi. La proposta fu avanzata perché questa sembrava la persona meglio nota a Caterina, che ne parlava come di un amico della sua famiglia, e come una persona con la quale aveva avuto esperienze di lavoro... Avendolo frequentato, avrebbe potuto fornire utili informazioni sia sulla sua abitazione che sulle sue abitudini; d'altra parte il fatto che Tobagi si occupasse in particolare professionalmente del fenomeno del terrorismo lo rendeva idoneo al progetto in atto. Iniziammo così degli appostamenti attorno alla sua abitazione nei pressi di via Solari e sul posto di lavoro, vicino alla casa in cui vivevano Barbone e Caterina in via Solferino 34, vicino alla sede del "Corriere della Sera". Questi appostamenti furono compiuti oltre che da me, dalla stessa Caterina Rosenzweig, Antonio Marocco, Guido Pietro Felice, Massimo Battisaldo. Non riuscimmo mai a vedere Tobagi, fatta eccezione per una volta in cui Caterina ebbe ad indicarlo a me e Felice, mentre usciva da una sala comunale dove era stato tenuto un convegno a Milano».*[9]

Nel gruppo, in molti sono vicini all'ambiente giornalistico in cui lavora Walter Tobagi.

Marco Barbone, Paolo Morandini e Caterina Monica Rosenzweig, la compagna di Marco Barbone.

Caterina Rosenzweig nasce a San Paolo del Brasile il 23 settembre 1952.

La famiglia è benestante.

Il padre, Gianni Rosenzweig, è un uomo d'affari che lavora dagli anni Sessanta con i Paesi del Sud America, in particolare con il Brasile.

La madre, Paola Sereni, è preside della scuola ebraica di Milano, donna di sinistra, dai gusti raffinati, impegnata nell'ambiente culturale italiano e internazionale.

Caterina è conosciuta nel movimento milanese con i soprannomi di Katy e Catù. Dalla metà degli anni Settanta milita nei collettivi femministi milanesi vicini a «Rosso» e all'area dell'Autonomia Organizzata.

---

9. Interrogatorio di Rocco Ricciardi del 3 dicembre 1981.

Dagli investigatori che indagano sul terrorismo diffuso, Catù è già conosciuta.

29 NOVEMBRE 1975. MILANO, VIALE ABRUZZI

Alcuni autonomi guidati da Vittorio Alfieri effettuano un «*esproprio proletario*» nel magazzino di abbigliamento Fulmine Bazar.

È un negozio apprezzato soprattutto dai giovanissimi: jeans, magliette, giubbotti, tutto viene venduto a buon mercato. Quel giorno vengono sottratti abiti di ogni tipo.

Daniela Brambati ammetterà di aver partecipato alla rapina e coinvolgerà Caterina Rosenzweig.

I giudici del Tribunale di Milano, nel 1983, assolveranno Caterina per insufficienza di prove.

12 MARZO 1978

Le Formazioni Comuniste Combattenti irrompono nella sede centrale della ditta Bassano Ticino a Venegono Inferiore.

Con taniche di benzina e bottiglie molotov, incendiano parte dell'edificio.

La devastazione è di enormi proporzioni e provoca danni per centinaia di milioni di lire. Gli inquirenti ritrovano un passaporto con un nome, un cognome e una fotografia. È quello caduto dalla borsa di Caterina Rosenzweig.

Il 23 marzo viene arrestata con il reato di concorso in incendio doloso.

La sua abitazione di viale Elvezia 18 viene subito perquisita.

Gli investigatori prelevano un'agendina telefonica. Contiene numerosi numeri di centralini e interni della Fratelli Fabbri Editore, Rizzoli, «Corriere della Sera» ed «Europeo».

Due anni dopo, il Tribunale di Varese condanna Caterina a cinque anni di reclusione, ma i giudici applicano per lei l'amnistia per il reato più grave: associazione sovversiva.

Il motivo? Nel 1978, l'organizzazione Formazioni Comuniste Combattenti non è riconosciuta come banda armata.

Walter Tobagi non è solo un cronista che scrive sul più venduto e conosciuto quotidiano italiano, ma è anche un attento ricercatore dell'Università Statale di Milano. Collabora con i professori Brunello Vigezzi e Giorgio Rumi. E proprio nella seconda metà degli anni Settanta, incrocia più volte lungo i corridoi dell'ateneo la studentessa iscritta alla facoltà di Lettere e Filosofia, Caterina Rosenzweig. Le sue ambizioni giornalistiche la porteranno a collaborare per pochi mesi nelle pagine milanesi del quotidiano «la Repubblica».

Secondo alcune testimonianze processuali, già nel febbraio 1978, Caterina Rosenzweig segnala Walter Tobagi come persona da sequestrare. Il rapimento però non viene effettuato. Ecco perché, il 21 maggio 1993, la prima sezione penale del Tribunale di Milano assolve perché il fatto non sussiste tutti gli imputati delle Formazioni Comuniste Combattenti, compresa Caterina Rosenzweig. Per i giudici, l'episodio si riferisce a una desistenza dal reato, dunque non punibile come sequestro di persona.

Intanto, nei primi mesi del 1978, il progetto terroristico prosegue senza sosta.

Grazie alla convergenza di tesi politiche e militari, si forma un comando nazionale unificato tra Formazioni Comuniste Combattenti e Prima Linea. Vengono decise alcune campagne d'intervento che culminano in attentati contro cose e persone a Bologna, Milano e Torino. Di quell'operazione, Sergio Segio di Prima Linea, nome di battaglia Sirio, resta uno dei protagonisti:

«Il sequestro e l'uccisione di Aldo Moro e la strategia brigatista, di lì a poco, avrebbe finito di sconquassare quel che rimaneva del movimento. Per noi quell'anno fu segnato dal percorso di unificazione intrapreso con le Formazioni Comuniste Combattenti. Insieme a loro militanti partecipai anche a un campo di addestramento tenuto dall'Eta militare nel Sud-ovest della Francia, dove l'organizzazione indipendentista basca aveva un robusto retroterra logistico e godeva di forti appoggi».[10]

A Milano e Varese, le Squadre Armate Operaie, cui fa riferimento Marco Barbone, compiono un ulteriore salto di qualità: azioni di autofinanziamento, attentati contro caserme dei carabinieri, giornali, pantere della polizia e centri meccanografici.

SERA DEL 4 MAGGIO 1978

Qualcuno telefona al centralino dei vigili urbani segnalando un normale incidente.

La pattuglia si reca in via Colletta, quartiere di Porta Romana, a Milano.

I vigili trovano una Fiat 500 e una Simca in mezzo alla strada.

I tutori del traffico si avvicinano e quattro individui armati, tra cui Marco Barbone, li immobilizzano, li legano alla cancellata di un palazzo e sequestrano le loro pistole. Poi si allontanano con le due vetture. Il volantino di rivendicazione, firmato SAP, viene scritto a mano e in stampatello da Marco Barbone:

«Il progetto social-democratico di sconfitta dell'antagoni-

10. Sergio Segio, *A miccia corta. Una storia di Prima Linea*, Derive e approdi, Roma 2005.

smo di classe, passa attraverso la costituzione di formazioni militari di occupazione preventiva del territorio proletario. Le forze di PS, gli istituti di vigilanza privata, cani da guardia della rapina antiproletaria, assolvono a questo compito sparando e uccidendo proletari e rivoluzionari. Discorso a parte va fatto sui Vigili Urbani. Questo corpo, pesantemente militarizzato in questo periodo, copre ruoli ben specifici nell'attacco alle strutture del movimento proletario...»

Ma il rapimento di Aldo Moro e l'uccisione degli uomini della scorta da parte delle Brigate Rosse, fatti avvenuti tra il 16 marzo e il 9 maggio 1978, determinano un'accesa discussione all'interno dei gruppi della lotta armata sull'innalzamento della violenza contro lo Stato. Così, nell'estate di quell'anno, il comando unificato di Formazioni Comuniste Combattenti e Prima Linea si scioglie.

13 SETTEMBRE 1978. MILANO, VIA NEGROLI 30/2

Poliziotti e carabinieri, in un blitz congiunto e coordinato, entrano in un appartamento nella zona Città Studi del capoluogo lombardo.

Arrestano il capo militare delle Formazioni Comuniste Combattenti e latitante Corrado Alunni.

Sequestrano armi corte e lunghe, tra cui un fucile Breda senza il coperchietto, già utilizzato nell'azione contro due carabinieri davanti al carcere di Novara.

Dagli armadi e dai cassetti dell'abitazione di Alunni, affiorano documenti interni all'organizzazione, numeri della rivista «Rosso», l'originale della seconda stesura dattiloscritta della rivendicazione di Novara, il volantino delle Squadre Armate Proletarie con cui si legittimano sul piano politico le aggressioni ai vigili urbani di Milano.

È il segno del passaggio di Marco Barbone in via Negroli, dalla metà degli anni Settanta amico intimo di Corrado Alunni.

Il giorno del blitz, Armando Spataro è il magistrato di turno a palazzo di Giustizia:

«*Settembre '78: arresto di Corrado Alunni a Milano, in un covo colmo di una quarantina di pistole, mitra e roba del genere, oltre a bombe, esplosivi, munizioni e il solito "corredo del buon terrorista". Quel giorno sono P.M. addetto al turno esterno e divento da allora, dopo una precedente ma breve esperienza dibattimentale e senza volerlo, uno specializzato nella materia del terrorismo. Dopo 40 giorni, l'inchiesta viene formalizzata e approda sul tavolo del giudice istruttore, Guido Galli, che conosco poco, stimo moltissimo e mi pare inarrivabile per qualità professionali. Quell'inchiesta si rivela, per Milano, la madre delle inchieste di terrorismo e, per me, l'irripetibile occasione per diventare amico dell'uomo migliore che abbia mai conosciuto. Guido Galli si lancia nell'inchiesta con la determinazione di un uditore, coniuga mirabilmente rispetto delle garanzie e dovere di repressione, stupisce tutti per la rapidità con cui conclude la prima maxi inchiesta milanese di terrorismo e le inchieste-stralcio che ne erano scaturite. Passiamo lunghe serate a casa sua, confrontando le grafie di sedici quaderni trovati a casa di Alunni (chi li aveva scritti aveva partecipato all'evidenza a un "corso" sull'uso dell'esplosivo che, in seguito, avrei saputo essersi svolto in Spagna presso una base dell'ETA) con un centinaio di grafie di persone sospette: ne scopriamo 14, le perizie e i pentiti confermeranno tutto*».[11]

11. In ricordo di Guido Galli, Armando Spataro, intervento riportato dal sito internet www.giustiziacarita.it

Sergio Segio, uno dei capi militari di Prima Linea, conferma oggi quanto fossero profetiche le intuizioni del giudice Guido Galli:

«*L'arresto di Corrado Alunni determinò infatti il progressivo sfaldamento delle FCC, oltre che la mia identificazione da parte della polizia. Durante l'addestramento con i baschi dell'Eta, avevamo preso appunti su taccuini che erano stati affidati, per riportarli in Italia, a Corrado Alunni e Roberto Serafini. Essendo loro già latitanti, attraversarono in modo clandestino la frontiera con armi e materiali illegali, compresi i quaderni, mentre io e gli altri passammo normalmente i controlli di dogana in treno. Pochi giorni dopo quel viaggio, Corrado venne catturato nel suo appartamento di via Negroli, dove vennero rinvenuti pure i miei quaderni di appunti. Da quel momento entrai in clandestinità, assumendo una falsa identità*».[12]

Poco dopo la resa di Corrado Alunni, le Formazioni Comuniste Combattenti si dividono. I militanti più vicini alle tesi di Prima Linea si organizzano nei Reparti Comunisti d'Attacco.

Restano invece attive, per pochi mesi e solo in Lombardia, le Squadre Armate Operaie, SAP.

Il 26 dicembre 1978 assaltano la caserma dei carabinieri di Sesto Calende. Tre giorni dopo prendono di mira la redazione del quotidiano «La Prealpina» a Varese. E il 15 gennaio 1979 feriscono in modo grave Franco Lombardo, medico del carcere dei Miogni, in provincia di Varese.

Con gli arresti del febbraio e maggio 1979, Formazioni Comuniste Combattenti e Squadre Armate Operaie, cessano di esistere. Alcuni militanti fuggono all'estero, soprattut-

12. Sergio Segio, *A miccia corta. Una storia di Prima Linea*, cit.

to in Francia. Altri confluiscono nelle Brigate Rosse. In molti abbandonano la lotta armata. Marco Barbone elabora invece un nuovo progetto terroristico contro il ruolo della stampa e i giornalisti. Nell'impresa coinvolge Paolo Morandini, sempre pronto a seguire le sue orme, e due giovani militanti: Daniele Laus e Manfredi De Stefano.

Daniele Laus è figlio di un manager. Frequenta il liceo «Cesare Beccaria» di Milano, poi passa alla Facoltà di Architettura di Firenze. È amico di Marco Barbone e Paolo Morandini che conosce fin dai tempi dei Collettivi Autonomi di Milano.

Manfredi De Stefano nasce a Salerno. Proviene da una famiglia di operai ed è il secondo di tre fratelli. Nel 1972, si trasferisce ad Arona con i genitori e i due fratelli. Frequenta l'istituto tecnico e muove le prime esperienze politiche nel Movimento Studentesco. Si avvicina a un gruppo locale, Sinistra Operaia Aronese. Poi approda in Lotta Continua dove ricopre incarichi di direzione. Dal 1973 abbandona gli studi e viene assunto come operaio alla IRE di Varese. Dopo lo scioglimento di Lotta Continua nel congresso di Rimini del 1976, si impegna nell'attività politica aziendale. Nel 1977 viene licenziato dalla IRE per assenteismo. Inizia il suo percorso di militante rivoluzionario nelle organizzazioni della lotta armata. In primis, nelle Squadre per l'Esercito di Liberazione Proletario dei Reparti Comunisti d'Attacco (RCA).

APRILE 1979
Nasce a Milano Guerriglia Rossa.

Ne fanno parte, tra gli altri, Marco Barbone, Daniele Laus, Paolo Morandini, Manfredi De Stefano.

Pochi militanti, vivono una vita normale e non scelgono clandestinità e compartimentazione. Dopo il rapimento di

Aldo Moro, si trovano davanti a un bivio: abbandonare la lotta armata oppure entrare nelle Brigate Rosse. Per molti gruppi minori non vi è altra scelta.

Sono interessati ad approfondire l'analisi degli apparati d'informazione e l'intervento contro giornali e cronisti.

Il 14 aprile 1979, Guerriglia Rossa colpisce a Cinisello Balsamo un automezzo che trasporta copie dei quotidiani «L'Unità», «L'Avanti», «Tuttosport», «Il Sole-24 Ore». È diretto in Veneto. Gli attentatori costringono l'autista a scendere, quindi lanciano due bottiglie incendiarie e si dileguano. I danni non sono ingenti.

Il 13 maggio 1979, i «*ragazzi della porta accanto*» sequestrano un guardiano dell'autorimessa San Marco di Milano, lo chiudono in uno sgabuzzino e danno fuoco a quattro furgoni che trasportano copie del «Corriere della Sera». L'incendio divampa nel magazzino. Intervengono i vigili del fuoco. Il custode viene tratto in salvo per miracolo.

Il giorno successivo si spostano in via Agnello 12 e compiono un attentato dinamitardo contro la sede dell'agenzia pubblicitaria *Manzoni*. È una bomba a orologeria piazzata davanti all'ingresso.

Le tre azioni vengono rivendicate con un volantino spedito in busta chiusa da Marco Barbone alle redazioni dei quotidiani e agli indirizzi privati di alcuni giornalisti. Uno di loro è Walter Tobagi:

«*...I veri padroni dell'informazione (banche, multinazionali, agenzie di pubblicità) gestiscono i mezzi di informazione come strumenti politici e militari di annientamento dell'antagonismo di classe. I giornalisti, vera corporazione di figuri strapagati, si pongono attivamente a sostegno dell'antiguerriglia: teorizzano la delazione, organizzano il discredito delle formazioni guerrigliere e preparano il terreno ai* *blitz della banda armata di Dalla Chiesa... I giornalisti devono rendersi conto che o stanno con i proletari o contro di loro...*»

Nel 1979, nasce a Roma la rivista «Metropoli». I suoi redattori sono in gran parte ex militanti del disciolto Potere Operaio. Per gli inquirenti, svolgono un'attività di copertura e di fiancheggiamento alla lotta armata. Dietro al periodico, in realtà si cela un progetto politico-militare ben definito e strutturato su tre livelli come ricorda la Commissione Parlamentare Moro:

«*Molti terroristi, tra gli altri Marco Barbone, Paolo Morandini e Antonio Savasta, hanno dettagliatamente riferito sui traffici di armi del gruppo di "Metropoli", su come venivano introdotte in Italia, sulle diverse proposte di cessione e sui passaggi delle armi ai diversi gruppi armati. Gli stessi Barbone, Morandini, Savasta e ancora altri tra i quali Maurizio Lombino, Carlo Brogi, Massimo Cianfanelli hanno parlato di un "progetto Metropoli" articolato su tre livelli: il primo, legale, costituito dall'attività editoriale, dalla pubblicazione della rivista; il secondo rappresentato dalle iniziative di movimento dirette a creare una base di massa all'eversione; il terzo consistente nella direzione politica delle organizzazioni militari già esistenti. Scopo del gruppo che faceva capo a "Metropoli" era quindi quello di dirigere i gruppi armati esistenti, comprese le BR, coinvolgendoli in una strategia unitaria, e non già di crearne nuovi.*

Dirà Marco Barbone che l'interesse in lui suscitato da un articolo apparso sulla rivista "Pre-print" a firma di Oreste Scalzone sulla "unidimensionalità combattente delle microfrazioni organizzate", in cui si adombrava l'ipotesi di una "possibile organizzazione, nella quale convivessero vari livelli, tra cui quello sociale delle lotte disgregate pubbliche e quello illegale finalizzati alla destrutturazione dello Stato", lo aveva spinto a contattare, "qualcuno del giro di 'Metropoli'"».[13]

Marco Barbone è in cerca di armi per Guerriglia Rossa e di contatti con le Brigate Rosse. Così conosce Domenico De Feo, uno dei redattori di punta della rivista «Metropoli».

Da lui, apprende che il periodico è solo la facciata legale e pulita dell'organizzazione. La rivista nasconde invece un livello illegale, composto da nuclei che intendono realizzare rapine di autofinanziamento e azioni armate per la liberazione di detenuti nelle carceri.

Ma c'è di più.

Nel dicembre 1979, Marco Barbone e Daniele Laus partecipano a una riunione ristretta in un Centro evangelico in Milano. Oltre a De Feo, sono presenti altre quattro persone componenti del nucleo di coordinamento di «Metropoli». A Guerriglia Rossa, viene proposto di commettere rapine per finanziare la rivista e far fronte alle esigenze economiche dei detenuti. In cambio Barbone e il suo gruppo ottiene un mitra *AK 47 Kalashnikov,* una pistola calibro 9 e un revolver calibro 38. Ma alla fine Guerriglia Rossa prosegue per la sua strada, in modo indipendente e autonomo.

All'inizio del 1980, il gruppo adotta una struttura più centralizzata, affida a Enrico Pasini Gatti un ruolo strettamente logistico, di cosiddetta «*rete amica*», e instaura attraverso Daniele Laus rapporti con Francesco Giordano e Mario Marano, entrambi provenienti dalle Unità Comuniste Combattenti (UCC).

Francesco Giordano viene da Zungri, provincia di Catanzaro. Duemilatrecento anime, un edificio scolastico, la

13. Commissione Parlamentare Moro, relazione di maggioranza.

caserma dei carabinieri, alcune baracche costruite dopo il terremoto del 1908, giovani in cerca di lavoro. Nel 1965, in pieno boom economico, la famiglia Giordano raggiunge Rho, paese alle porte di Milano. Francesco trova un'occupazione presso una sartoria, 10 ore al giorno, mal pagato. Poi entra in un'officina meccanica. Viene licenziato per aver chiesto al suo datore di lavoro un piccolo aumento di salario. Torna in fabbrica come saldatore. Viene assunto alla SEGISA, società editrice del quotidiano «Il Giorno». Lavora come operaio ausiliario all'ufficio resa. Lascia l'azienda e passa alla MTM, Manifattura Tessuti Milano. Nelle UCC ci entra dal 1976. L'organizzazione colpisce calcolatori elettronici di aziende multinazionali e associazioni industriali della piccola e media impresa.

Mario Marano è milanese. Nel 1980 ha trent'anni, il più vecchio del gruppo. Il padre Ubaldo è uno stimato dirigente della IP, settore petrolifero, democratico e di sinistra.

Mario lo chiamano «*il francese*», non tanto per la sua erre moscia ma per la mania di indossare basco e impermeabile.

Si iscrive all'Istituto tecnico per geometri. L'11 marzo 1972, viene arrestato nei violenti scontri tra manifestanti e forze di polizia, durante un corteo che chiede la liberazione di Pietro Valpreda. I giudici lo assolveranno per non aver commesso il fatto.

Dopo il servizio militare, si iscrive alla Facoltà di Architettura.

Entra nelle Unità Comuniste Combattenti: dai dirigenti viene ritenuto un fidato militante.

16 marzo 1980, secondo anniversario del rapimento del presidente della Democrazia Cristiana, Aldo Moro.

A Milano, Guerriglia Rossa decide di colpire il giudice Guido Galli. È un serio professionista dell'antiterrorismo, un investigatore preparato e lungimirante, soprattutto democratico e riformista, quindi per Marco Barbone va subito ucciso. Il gruppo si reca sotto la sua casa ma si accorge che altri occhi osservano gli spostamenti del giudice. Sono quelli di militanti di Prima Linea, come conferma Barbone:

«*Galli aveva fatto un lavoro estremamente approfondito sulle Formazioni Comuniste Combattenti e le sue indagini erano giunte vicinissime anche alla nostra area politica: dalle notizie di stampa relative all'ordinanza con la quale aveva chiuso l'istruttoria del processo contro Corrado Alunni emergeva un personaggio molto intelligente. Gli stessi organi d'informazione avevano dato il massimo risalto a questa sua efficienza e ci aveva, anzi, colpito una frase del cronista Sollazzo del "Corriere della Sera" che aveva definito la sua ordinanza una "pietra tombale" per gli imputati. Era inoltre conosciuto come il giudice più impegnato nel settore del terrorismo.*

Il progetto fu messo a punto e ci procurammo parrucche a baffi finti. Tre giorni prima della sua morte, tentammo di realizzare il nostro piano. Io e Gianni (Daniele Laus) partimmo da casa sua già travestiti e ci recammo all'appuntamento con Alberto (Paolo Morandini) e Ippo (De Stefano), a Porta Venezia... Accadde che rimanemmo sotto casa di Galli troppo a lungo, a causa di un suo ritardo, così decidemmo di desistere da quel progetto. Volevamo meglio approfondire il modello operativo ma...»[14]

Ma solo tre giorni dopo, Prima Linea uccide Guido Galli all'Università Statale di Milano, davanti agli studenti terrorizzati. I suoi assassini fuggiranno in bicicletta dal luogo dell'agguato. Poi rivendicheranno così l'azione:

---

14. Interrogatorio di Marco Barbone del 5 ottobre 1980.

«Oggi, 19 marzo 1980, alle ore 16 e 50 un gruppo di fuoco della organizzazione comunista Prima Linea ha giustiziato con tre colpi calibro 38 SPL il giudice Guido Galli dell'ufficio istruzione del tribunale di Milano... Galli appartiene alla frazione riformista e garantista della magistratura, impegnato in prima persona nella battaglia per ricostruire l'ufficio istruzione di Milano come un centro di lavoro giudiziario efficiente, adeguato alle necessità di ristrutturazione, di nuova divisione del lavoro dell'apparato giudiziario, alla necessità di far fronte alle contraddizioni crescenti del lavoro dei magistrati di fronte all'allargamento dei terreni d'intervento, di fronte alla contemporanea crescente paralisi del lavoro di produzione legislativa delle camere...»

28 MARZO 1980
È il giorno della svolta per Marco Barbone, Paolo Morandini, Daniele Laus, Manfredi De Stefano, Francesco Giordano e Mario Marano.

La testa della colonna genovese delle Brigate Rosse viene tagliata in via Fracchia, a Genova.

Le rivelazioni del collaboratore di giustizia Patrizio Peci portano i carabinieri alla base dei terroristi nel capoluogo ligure, la cosiddetta «*colonna imprendibile*».

Il blitz è rapido e improvviso. L'azione del nuclei speciali del generale dei carabinieri Carlo Alberto Dalla Chiesa scatta di mattina presto, come sempre del resto. Non si vuole dare un secondo di tempo agli avversari.

Il nemico da battere è dentro a quell'appartamento del quartiere Oregina, lo stesso dove poco prima viene colpito a morte il sindacalista della CGIL e militante del Partito Comunista Italiano, Guido Rossa.

Passamontagna in testa, armi in mano, i Nuclei Operativi sfondano la porta. Dentro succede l'inferno.

Vengono uccisi Lorenzo Betassa, operaio dell'Italimpianti, Piero Panciarelli, dipendente della Lancia, Annamaria Ludman, insegnante, e il marittimo Riccardo Dura, l'esecutore materiale dell'omicidio di Guido Rossa.

Gli inviati dei giornali, come Walter Tobagi, Giorgio Bocca, Antonio Ferrari, vengono tenuti a debita distanza. La zona del blitz resta transennata per alcuni giorni. Nessuno riuscirà a conoscere i dettagli dell'operazione.

Le fotografie pubblicate nel 2004 dal quotidiano «Corriere Mercantile», ritraggono i quattro brigatisti morti, stesi in fila indiana sul pavimento dello stretto corridoio.

Quelli scatti dimostrano, in modo inoppugnabile, una verità nascosta per anni: in via Fracchia ci fu un blitz mirato a uccidere.

Le Brigate Rosse genovesi, come quelle torinesi, sono finite, neutralizzate. Rimane a guidarle Francesco Lo Bianco. A Milano si costituisce la nuova Brigata Walter Alasia diretta da Vittorio Alfieri e Pasqua Aurora Betti che si contrappone alla gestione di Mario Moretti e fa vita autonoma per qualche anno. Roberto Sandalo di Prima Linea sta già collaborando. Cadono le basi operative di PL a Torino e Milano dove vengono arrestati Bruno La Ronga e Silveria Russo. Catturati Maurice Bignami, Marco Fagiano e Michele Viscardi, ormai collaboratore di giustizia.

Dopo via Fracchia, Guerriglia Rossa cambia pelle e identità.

Da quel giorno diventa la Brigata 28 marzo. Per Marco Barbone è una strada senza alcun ritorno:

«*Si arriva al famoso 28 marzo 1980, con l'uccisione dei quattro brigatisti a Genova e la cattura a catena di vari esponenti della colonna delle Brigate Rosse di Torino. Queste circostanze provocarono dei traumi praticamente in tutti. Si era convinti che l'azione dei carabinieri fosse una esemplare rappresaglia e comunque si capiva che da quei giorni nessuno si sarebbe potuto sentire sicuro. Sentivamo, come tanti in quei giorni, che bisognava fare qualcosa per rispondere alla stretta repressiva dello Stato. Si iniziò ad analizzare la reazione della stampa ai fatti del 28 marzo; fummo concordi nel rilevare un atteggiamento trionfalistico di parecchi quotidiani che, obbiettivamente, non si limitavano più a essere casse di risonanza, ma assumevano un ruolo di vero e proprio soggetto politico, scavando all'interno del corpo sociale antagonista. Individuammo, noi sei del gruppo, due tipi di professionisti della stampa: da un lato il tipo rozzo alla Livio Caputo, direttore del quotidiano del pomeriggio "La Notte", autore di un articolo con toni che praticamente incitavano a proseguire sulla strada della pena di morte sul campo; dall'altro lato, il tipo di giornalista che scrive articoli intelligenti. Quasi naturalmente, saltò fuori il nome di Walter Tobagi come possibile obiettivo di un'azione di rappresaglia, in quanto massimo esponente di questa tendenza intelligente che si faceva strada tra i giornalisti...*

Tengo a precisare che, oltre a quello di Tobagi, altri nomi di giornalisti vennero fatti a completare la rosa dei possibili obiettivi. Ci fu quello di Guido Passalacqua, noto per il suo passato di militante o simpatizzante di Lotta Continua: criticavamo il suo ruolo di giornalista di sinistra che si era cucito addosso, quando in realtà, alla prova dei fatti, si comportava e scriveva come altri giornalisti di regime. Decidemmo di colpire Passalacqua che sapevamo essere, per la sua collocazione politica, l'obiettivo più difficilmente gestibile, dopo un'azione armata...»[15]

15. Interrogatorio di Marco Barbone del 5 ottobre 1980.

7 MAGGIO 1980. MILANO, VIA BAROZZI 6
Il giornalista di «Repubblica», Guido Passalacqua si sveglia alle 7.

Il giornale radio, le prime notizie, la colazione.

Quel giorno il cronista deve recarsi a Torino, per un reportage sul terrorismo.

Alle 7,10, davanti al portone della sua abitazione si ferma una Renault 14 azzurro metalizzato. Scendono in tre. Suonano il campanello dello stabile.

«Chi è?» chiede il custode Giancarlo Finessi.

«Polizia», risponde un giovane, esibendo un tesserino falso.

Il portiere apre e i tre si fanno accompagnare al sesto piano. A metà del cammino, spuntano le pistole.

Guido Passalacqua sente lo squillo acuto del campanello.

La porta si apre e, sull'uscio, i terroristi indirizzano una pistola a tamburo in mezzo agli occhi del giornalista.

Una spinta.

Passalacqua e Finessi vengono trascinati qualche metro avanti. Si chiude la porta.

La Brigata 28 marzo è formata da Marco Barbone, Paolo Morandini e Manfredi De Stefano, operativi dentro la casa del giornalista, e Daniele Laus, l'autista del commando.

Prima visuale, quella di Marco Barbone:

«*Bussammo alla porta e quando Passalacqua aprì facemmo irruzione all'interno, dopo aver estratto le armi, trascinando nell'appartamento anche il portinaio. Una volta in casa, il mio compito era cercare agendine e tracciare scritte sulle pareti. Compito di Morandini era il controllo di Passalacqua e del custode. Compito di De Stefano era quello di esplodere i colpi contro il giornalista, dopo che io gli avessi dato il via libera. Non trovai alcuna agenda e mi limitai alle scritte.*

Quando finii, diedi l'ordine a De Stefano di sparare. Lui fece fuoco una prima volta e subito dopo la pistola si inceppò. Cercò di sbatterla contro la parete, dimostrando di essere agitato. Allora io, che invece ero rimasto calmo, sbloccai il carrello, rimisi il colpo in canna e gli restituii l'arma. De Stefano sparò un altro colpo e la pistola si inceppò di nuovo. Decidemmo allora di andarcene».[16]

Seconda visuale, quella di Guido Passalacqua:

«*Non ho idea di quanto sia durata l'azione. Il terrorista con la barba l'ho visto bene in faccia e non riesco a ricordarmi se ha i baffi. Mi ricordo l'odore forte dello spray mentre scrivevano sui muri. Quello con la faccia tonda e gli occhiali spessi lega mani e piedi a me e al portinaio. Con lo stesso scotch da pacchi ci chiude la bocca a tutti e due. Poi va a fare le scritte sul muro e passa la sua calibro 38 a tamburo al biondino che mi sta accanto. Mi dice di non guardare. Poi spara un colpo, sento un bruciore. Lui è in piedi e spara di nuovo, ma la pistola s'inceppa. Armeggia ancora e di nuovo cilecca. Gli urlano di andare via. Torna e spara l'ultimo colpo. Poi scappano».*[17]

Per colpire Guido Passalacqua, la Brigata 28 marzo non compie molti sforzi. Non c'è bisogno di fare pedinamenti, seguire i suoi spostamenti, approfondire le abitudini. Di lui sanno ormai tutto. Mario Marano e Francesco Giordano lo conoscono da tempo, sono suoi amici. Passalacqua è un ex militante di Lotta Continua, frequenta i bar del movimento, ma scrive per un giornale della sinistra riformista, quindi è un traditore.

L'azione contro Passalacqua viene rivendicata con un volantino di poche pagine. Stessa mano, identici concetti ed

---

16. Interrogatorio di Marco Barbone del 5 ottobre 1980.
17. Testimonianza di Guido Passalacqua, «la Repubblica», 8 maggio 1980.

espressioni utilizzati da Guerriglia Rossa. Giorgio Bocca legge il documento e comprende subito la vera identità dei terroristi:

«*Noi che leggiamo il volantino abbiamo immediatamente la sensazione che si tratti di cosa nostra, di un terrorismo nato in qualche modo dentro le redazioni dei giornali, che però vuole ingraziarsi le Brigate Rosse accogliendone alcuni schematismi: la stampa fiancheggiatrice che svolge il ruolo della controguerriglia psicologica, i riformisti e gli intellettuali che oggettivamente diventano analisti del terrorismo e consiglieri della repressione*».[18]

La Brigata 28 marzo si vanta all'esterno dell'azione compiuta contro il cronista del quotidiano «la Repubblica», ma, tra i gruppi della lotta armata milanese, il ferimento di Passalacqua viene fortemente criticato. Da più parti contestano alla banda la non opportunità di colpire un giornalista democratico, che difende le ragioni del movimento. Ma «*i ragazzi della porta accanto*» non ammettono gli errori e vanno avanti.

Cambiano bersaglio. Non più un invalidamento ma un omicidio in piena regola. Il primo e l'ultimo eseguito da Marco Barbone e soci.

Iniziano a pedinare Walter Tobagi, individuano la sua abitazione, scoprono dove il cronista parcheggia la sua vettura. I sei componenti della Brigata 28 marzo si appostano per tre settimane in via Solari ma non riescono mai a incrociarlo.

Orari e abitudini diverse.

Un giorno, però, Marco Barbone lo intercetta per caso, nei pressi della sede del «Corriere della Sera», in via Solferino. Walter Tobagi esce dal portone intorno alle 13,30 e si ac-

18. Giorgio Bocca, *Noi terroristi*, cit.

cinge a salire in auto con le chiavi in mano. È in compagnia del collega Giuliani del quotidiano «L'Occhio».

Barbone offre agli altri del gruppo indicazioni precise sugli orari in cui Tobagi torna a casa a cena. Nel corso di un sopralluogo, individuano la sua vettura, una Ritmo grigia. Mario Marano, in un'occasione, gli passa perfino accanto per vedere se si accorge di strane presenze.

Spostano l'attenzione anche sulla fascia oraria mattutina. Notano che, tra le 9,30 e le 10, Tobagi esce di casa.

La raccolta delle informazioni è a quel punto conclusa.

Marco Barbone e Daniele Laus formulano la prima ipotesi operativa, Paolo Morandini non si tira indietro, ma nel gruppo non tutti sono d'accordo. Mario Marano e Francesco Giordano pretendono maggiori informazioni sul giornalista del «Corriere della Sera».

Nel suo racconto Mario Marano rivela il tono animato delle discussioni all'interno della Brigata 28 marzo. Bisogna colpire Tobagi. Sì, ma come?

«*L'analisi su questi giornalisti era partita da un discorso generale sulla informazione. Quando su richiesta esplicita di Marco Barbone di essere operativi nei loro confronti, e non su altri come Livio Caputo, ci furono scontri politici sul perché e sul significato. Io ero disposto a compiere un azione contro Caputo, un'azione armata certo, che non comprendeva comunque l'omicidio. Ci sono due percorsi, dibattiti interni che corrono in modo parallelo. C'è il mio rifiuto, condiviso da Francesco Giordano, nei confronti di quella logica di morte. Barbone la giustifica così: "Prima Linea ha le campagne di annientamento. Per personaggi come Tobagi è gestibile un omicidio". Si discute anche sulla scelta di colpire personaggi come Livio Caputo, dichiaratamente di destra, schierato con lo Stato, attraverso i suoi articoli che scriveva sul quotidiano "La*

Notte". Qui si muove lo scontro all'interno della Brigata 28 marzo».[19]

Per qualche giorno il gruppo è diviso. Francesco Giordano e Mario Marano pensano a operazioni esemplari, soprattutto ferimenti, contro giornalisti di destra. Marco Barbone, Daniele Laus, Paolo Morandini sono decisi a rivolgere le proprie azioni contro giornalisti di stampo democratico e progressista. Manfredi De Stefano si schiera con loro:

«A un certo punto la nostra attenzione si concentrò su Walter Tobagi in particolare, e a quello che rappresentava. Questi compagni (Marano e Giordano) avevano delle perplessità non so di che natura: io fui uno di quelli che, in una serie di riunioni, mi schierai a favore dell'esecuzione di Tobagi».[20]

La linea «*morbida*» è messa dunque in minoranza. Così anche Francesco Giordano si allinea alla posizione del gruppo. Ormai la decisione è collettiva, nessuno può più tornare indietro:

«Ci furono diverse riunioni, presenti tutti e sei, oppure in tre o quattro, ma Barbone sempre presente, e portò argomenti tali che ci fecero cambiare idea. Diceva che Tobagi era il presidente dell'Associazione Lombarda dei Giornalisti, che il suo ruolo di mediatore politico dentro a questo organismo e il livello di potere che aveva dentro il "Corriere" dovevano aumentare anche per l'appoggio che forniva il PSI. Veniva poi descritto come un personaggio ambiguo, nel senso che era amato e odiato, quindi i risultati dell'azione sarebbero stati destabilizzanti per gli assetti interni dell'Associazione e del "Corriere". Tobagi rappresentava l'intelligenza dell'antiterrorismo,

---

19. Deposizione di Mario Marano del 10 maggio 1983, processo «Rosso-Tobagi», aula bunker del Tribunale di Milano.
20. Interrogatorio di Manfredi De Stefano del 21-22 ottobre 1980.

espressa attraverso i suoi articoli di analisi sulla lotta armata. Poi serviva un'azione di rappresaglia per vendicare i quattro compagni uccisi in via Fracchia, a Genova. Ricordo molto bene una frase di Barbone: "Insomma, compagni, questo è una vera carogna, uno così non lo troviamo più". Queste furono le argomentazioni riportate che ci convinsero a muoverci per fare l'azione».[21]

L'appuntamento è a casa di Daniele Laus.

È l'ultima riunione in cui la Brigata 28 marzo decide di uccidere Walter Tobagi.

Per l'operazione, viene scelta anche una data, domenica 25 maggio 1980, come ammette Marco Barbone:

«*Dopo quest'ultima riunione che si tenne a casa di Laus, si presentarono ancora alcuni problemi perché Tobagi viaggiava molto perché incaricato di fare alcuni servizi fuori Milano e come unico giorno certo di sua permanenza a Milano rimaneva la domenica. Proprio di domenica era stato visto prendere l'auto dal garage e prelevare poi la famiglia davanti al portone. Si decise di operare di domenica e infatti agimmo una prima volta il 25 maggio. Io e Marano ci appostammo con pistole silenziate vicino all'edicola che si trovava nei pressi dell'abitazione di Tobagi. Morandini doveva avvistare il giornalista e avvisare Laus che era con l'auto in una stradina parallela a via Salaino. Dopo un'ora e mezza di attesa, ci ritirammo perché iniziavamo a dare troppo nell'occhio».*[22]

L'omicidio è solo rinviato di una settimana, sempre di domenica. Ma un fatto, un forte indizio, fa cambiare idea a Marco Barbone:

---

21. Dalla memoria processuale presentata da Francesco Giordano nel 1983.
22. Interrogatorio di Marco Barbone del 5 ottobre 1980.

«Decidemmo di agire la domenica successiva. Per caso leggemmo sui giornali che, in occasione del caso Isman-Russomanno, si sarebbe tenuto un dibattito presso il Circolo della Stampa di Milano nel quale Tobagi avrebbe dovuto fare da moderatore. Deducemmo che il mattino successivo si sarebbe dovuto trovare a Milano. Così anticipammo l'azione mercoledì 28 maggio. Nessuno di noi si recò al dibattito al Circolo perché era troppo pericolo, considerato il numero di poliziotti che lo presidiava. Io solo feci un giro in zona con la mia auto per rintracciare eventualmente quella di Tobagi e avere la conferma che ci fosse, ma, senza averla vista, me ne andai subito. La mattina successiva agimmo».[23]

Ma le cose non stanno proprio così.

Seguiamo questa pista inedita.

MARTEDÌ 27 MAGGIO 1980

Walter Tobagi rientra da Venezia dove è impegnato nei reportage sulle elezioni amministrative e raggiunge Milano.

È uno dei promotori del dibattito su cronaca e segreto istruttorio previsto al Circolo della Stampa, organizzato dall'Associazione Lombarda dei Giornalisti.

Tobagi è atteso poco prima delle 21.

Non arriva con la sua Ritmo grigia ma a bordo di un taxi.

Il luogo del convegno è presidiato da sei poliziotti: tre all'esterno, tre all'interno del palazzo, è scritto sugli ordini di servizio di quella sera.

La sala Montanelli tiene circa duecento persone. Si riempie anche di giovani ventenni. Prendono appunti su taccuini.

È certo. Non sono tutti giornalisti.

---

23. Interrogatorio di Marco Barbone del 5 ottobre 1980.

Almeno due giovani presenti al dibattito appartengono alla rete logistica, la cosiddetta «*rete amica*» della Brigata 28 marzo.

Non sono i sei che poi uccideranno Walter Tobagi in via Salaino, il 28 maggio 1980. Per loro, sarebbe troppo pericoloso. Uno di quei poliziotti potrebbe nutrire sospetti, quindi fermarli, svelare la loro identità. Meglio non rischiare.

Marco Barbone, il capo colonna, verifica fuori dal palazzo di corso Venezia la presenza della vettura del giornalista, ma della Ritmo grigia nessuna traccia.

Come fa a essere così sicuro che sul tavolo dei relatori ci sia effettivamente Tobagi?

Ecco… intervengono le talpe…

Due giovani vestiti bene, incensurati, non danno nell'occhio e sfuggono a ogni possibile controllo. Offriranno al gruppo operativo le informazioni necessarie, utili, determinanti per perfezionare l'azione e stilare il documento di rivendicazione, come del resto è consigliato dalle Brigate Rosse:

«*È necessario arrivare un po' in anticipo agli appuntamenti per poter perlustrare la zona e per evitare di essere visti con la propria macchina che deve essere posteggiata tenendo appunto presente l'eventualità di una fuga…Ogni compagno deve essere decorosamente vestito e in ordine nella persona: barba fatta, capelli tagliati…Va detto che il ruolo assunto da ogni compagno va studiato attentamente per poter giustificare l'eventuale irregolarità del proprio comportamento. Per principio ogni militante deve presentarsi con aria rassicurante e gentile…*»[24]

---

24. *Norme di sicurezza e stile di lavoro*, Brigate Rosse, 1974.

Messaggio

«Oggi, mercoledì 28 maggio, un nucleo armato della Brigata 28 marzo ha eliminato il terrorista di Stato Walter Tobagi, presidente dell'Associazione Lombarda dei Giornalisti. Onore ai compagni caduti per il comunismo. Individuare e colpire i tecnici della controguerriglia psicologica. Niente resterà impunito. Unificare il movimento rivoluzionario costruendo il Partito Comunista Combattente.»

dal volantino di rivendicazione dell'omicidio Tobagi

Il corpo senza vita di Walter Tobagi è ancora riverso sull'asfalto di via Andrea Salaino, la fredda mattina milanese del 28 maggio 1980. Oltre ai familiari, agli amici e colleghi del giornalista, alla solita folla di curiosi che accompagna ogni fatto di cronaca, giungono magistrati, funzionari di polizia giudiziaria, esperti balistici.

Nelle ore successive all'agguato, i terroristi comunicano all'esterno il senso dell'azione contro il cronista del «Corriere della Sera». Alle 12,54 di mercoledì 28 maggio 1980, arriva la prima telefonata al centralino della redazione milanese del quotidiano «la Repubblica». È una voce maschile:

«*Ascolti bene, sono un militante della Brigata 28 marzo. Stamattina abbiamo giustiziato il terrorista di Stato Walter To-*

bagi. Continua la campagna contro la stampa di regime. Al più presto vi facciamo avere un comunicato.»

Alle 14 circa, un altro componente del commando chiama il centralino dell'emittente di movimento Radio Black Out. Al redattore di turno, la voce sembra femminile:

«*Rivendichiamo l'attentato compiuto stamattina. Brigata 28 marzo*».

Di sera, qualcuno raggiunge l'utenza privata dell'editorialista di «la Repubblica», Giorgio Bocca. Anche in questo caso è una donna al telefono:

«*Avrai tre pallottole nella pancia*».

GIOVEDÌ 29 MAGGIO 1980. MILANO, VIA SOLFERINO 34

A pochi passi dalla sede storica del «Corriere della Sera», Marco Barbone e Caterina Rosenzweig condividono da mesi un appartamento.

Proprio in quelle stanze, di pomeriggio, si ritrovano alcuni componenti del commando della Brigata 28 marzo. Mancano Mario Marano, Francesco Giordano e Manfredi De Stefano.

Solo Marco Barbone, Daniele Laus, Paolo Morandini scrivono il volantino di rivendicazione che legittima sul piano politico l'omicidio di Walter Tobagi.

Lavorano al testo con una macchina da scrivere Olivetti nuova di fabbrica, con la cartuccia al posto del classico nastro rosso e nero.

Tre pagine fitte, giustificate solo sul lato sinistro. Il carattere stampatello evidenzia i concetti centrali espressi dal gruppo. Pare un normale articolo giornalistico sui problemi dell'informazione, una sorta di saggio sulle trasformazioni tecnologiche dell'editoria italiana, nei primi anni Ottanta.

Sarà diffuso venerdì 30 maggio 1980, utilizzando le stesse modalità già sperimentate ai tempi di Guerriglia Rossa: busta chiusa, indirizzo scritto a mano e in stampatello, spedito da uffici postali diversi.

Una telefonata al centralino dell'agenzia Ansa annuncia invece la presenza del documento in un cestino dei rifiuti di viale Umbria, a Milano. È un'anomalia.

L'incipit è una citazione impropria, tratta dalle opere di Antonio Gramsci.

«*L'operaio dovrebbe sapere che il giornale borghese, qualunque sia la tinta, è uno strumento di lotta mosso da idee e da interessi che sono in contrasto con i suoi. Tutto ciò che è stampa è costantemente influenzato da una idea: servire la classe dominante, che si traduce in un fatto, combattere la classe lavoratrice.*»

L'introduzione risulta identica al paragrafo E della *Risoluzione della direzione strategica* delle Brigate Rosse, trasmessa ai quotidiani il 4 aprile 1978, proprio durante il rapimento di Aldo Moro.

Si può trovare sotto il titolo «La mobilitazione reazionaria delle masse attraverso i mass media».

È la prova che gli estensori del documento osservano con ammirazione le imprese delle Brigate Rosse, effettivo modello di riferimento sul piano organizzativo della galassia terroristica italiana.

Il volantino è diviso in due parti, nette e contrastanti tra loro. Nella prima si descrivono le fasi della ristrutturazione del settore editoriale che, proprio nel 1980, condiziona piccoli e grandi gruppi presenti sul mercato. Nelle ultime tre pagine, il tono cambia e i terroristi si concentrano sul ruolo di Walter Tobagi all'interno del «Corriere della Sera» e del sindacato. Il professor Mario Medici, importante studioso di semiotica del linguaggio, analizza il documento nella sua relazione-perizia consegnata alla Procura della Repubblica di Milano dall'allora segretario del Partito Socialista Italiano, Bettino Craxi:

«*Questo testo deve essere stato preparato con calma e probabilmente appuntato, pianificato per tempo, inquadrato com'è e privo come si presenta di ogni emozione ed enfasi quale è caratteristica lampante dei bollettini di battaglia. Colpisce, così come in ogni altro volantino delle Brigate Rosse o risoluzioni delle stesse, il tono didascalico, il fine pedagogico formativo, e la compiacenza e spavalderia stilistica (quasi autocompiacimento per la propria abilità naturale o, al contrario, per la capacità che si riconosce di saper allestire una artificiosa ricostruzione). Una ipotesi di imitazione come pure quella di un mosaico da ricopiatura non ha molte possibilità di essere sostenuta*».

Il documento è originale. È la sintesi di un lavoro sull'informazione iniziato mesi prima, attraverso l'esperienza armata maturata da Barbone, Laus, Morandini in Guerriglia Rossa. Ci sono parti assai approfondite, copiate dalle riviste di settore, «Prima Comunicazione» e «Ikon», dal libro di Francesco Siliato *L'antenna dei padroni*, dal volume di Giampaolo Pansa *Comprati e venduti*.

Numerosi passaggi del lungo e articolato elaborato si possono leggere in alcune relazioni del sindacato dei giornalisti e dei grafici degli anni Settanta, tra le pagine del periodico della Federazione Nazionale della Stampa, «Numero Zero», che più volte attacca le posizioni di Walter Tobagi.

Non solo.

Per ammissione di Marco Barbone e Paolo Morandini, spesso vi sono minuscoli particolari appresi nel loro ambiente familiare, nelle case degli amici dei loro genitori.

Gli estensori si rivolgono solo all'intera corporazione, non all'esterno, al movimento. È un messaggio chiaro, lineare. Un avvertimento ai reporter e alle loro strutture di rappresentanza:

«*Il processo di ristrutturazione in atto nel settore dell'informazione passa con l'introduzione delle nuove tecnologie di stesura e di stampa dei maggiori mezzi di comunicazione. La parola d'ordine del capitale è computerizzazione. L'introduzione delle tecniche e dell'informatica in questo settore, non è una scelta modernista e di progresso, bensì risponde a secolari esigenze del capitale: PROFITTO e CONTROLLO*».

La Brigata 28 marzo entra nel dettaglio. C'è una ristrutturazione nel settore editoriale. Con l'ausilio delle tecnologie informatiche, figure professionali consolidate usciranno ben presto dal mercato del lavoro:

«*Con la fotocomposizione entrambi questi risultati sono raggiungibili; innanzitutto viene spazzata via un'intera categoria di classe, gli addetti alla stampa, linotipisti e tipografi in genere, si vedono completamente spiazzati e sostituiti da altre categorie di classe, i tecnici dell'informatica, di certo politicamente più consone al capitale e ai suoi interessi*».

L'impiego di nuove tecnologie nei quotidiani trasforma, secondo i terroristi, anche il ruolo del giornalista:

«*All'interno delle redazioni aumenta l'uso delle notizie di agenzia e diminuisce il numero effettivo dei redattori, sostituiti da una nuova figura, l'estensore: più che altro è un personaggio in grado di far funzionare le nuove macchine; si diversifica dalla tradizionale figura del giornalista e diviene un interprete tra l'agenzia di stampa e la tecnologia*».

Ma i cosiddetti «*take*» delle agenzie di stampa sono scritti sempre da giornalisti e l'estensore del testo, in una redazione moderna, non è altro che un cronista, specializzato in informatica. Gli autori del documento non riescono comunque a spiegare le trasformazioni del mercato editoriale, così si concentrano sul ruolo del marketing commerciale e della pubblicità:

«*La vita e il linguaggio stesso dei mezzi di comunicazione sono determinati dalle tecniche di marketing e quindi dalla loro specificità di veicoli pubblicitari. Per capire questa affermazione basta rifarsi alla storia recente, alla nascita dell'"Occhio", l'ultimo di casa Rizzoli. La necessità di un quotidiano popolare in Italia è determinata dall'esigenza di coprire canali pubblicitari finora rimasti scoperti; sono i canali di chi non legge i grandi giornali e di chi ha necessità pubblicitarie localmente circoscritte. Si tratta di trasferire sulla carta stampata il pubblico delle tv locali*».

In questi passaggi, quelli della Brigata 28 marzo dimostrano di conoscere particolari anche inediti del progetto di ristrutturazione in atto nel gruppo Rizzoli. Non basta solo aver letto riviste di settore e saggi di esperti. Ci vuole ben altro. Magari un suggerimento inconsapevole:

«*Gli specialisti della Rizzoli varano così una rete di edizioni locali, stampate localmente. Sinteticamente non è nato un quotidiano popolare, ma si è risposto a una esigenza della pubblicità. Così come "l'Occhio" tutti i giornali vivono e muoiono sulla loro capacità di essere adeguati veicoli pubblicitari. Per quanto riguarda il controllo delle agenzie, basta ricordare che la Mc Cann Erikson, in Italia controllata dall'IRI, è di proprietà di Rockefeller*».

Dopo la riflessione sul concetto di «*libertà di stampa*», si passa alle accuse dirette alla corporazione dei giornalisti e ai loro organismi di rappresentanza. La Brigata 28 marzo intende condizionare i delicati meccanismi di governo del sindacato di categoria, evidenziando e «*disarticolando*» i nodi irrisolti del rapporto tra stampa, potere politico ed economico.

«*Nel "Corriere", Walter Tobagi ci entra come uomo di Craxi. Si pone subito come caposcuola di questa tendenza intelligente degli apparati della controguerriglia psicologica, e su queste capacità ha costruito la sua carriera. Ma il ruolo senza dubbio più rilevante lo giocava all'interno del sindacato della corporazione: preso il volo dal Comitato di redazione CORSERA dal 1974, si è subito posto come dirigente capace di ricomporre le contraddizioni politiche esistenti fra le varie correnti. Questa capacità gli ha consentito di giungere al posto di comando del sindacato in uno dei poli più pregnanti dal punto di vista politico.*»

Si giunge al punto più controverso ed emblematico del documento. I terroristi descrivono in modo minuzioso e informato il nervo scoperto del mestiere di cronista giudiziario: il rapporto tra giornalista, fonte riservata, editore e lettore. Il passaggio riguarda una provocazione lanciata da Walter Tobagi nel convegno del 27 maggio 1980 al Circolo della Stampa.

«*Illuminante in questo senso la risposta politica, sintetizzata dallo stesso Tobagi, che la corporazione ha saputo produrre: "negateci l'informazione all'origine, la nostra professionalità sarà salva e con essa la libertà di stampa". È un ipocrisia che si va affermando come linea maggioritaria anche a seguito del caso Isman.*»

Infine si giunge alle minacce, quelle che mettono paura. Sono messaggi diretti contro un'intera categoria, neanche troppo velati:

«*Chi intendesse perseverare sulla strada delle menzogne, dell'ingiuria, del livore antiproletario [...] non tarderanno, e già cominciano, a essere posti di fronte alle loro responsabilità. Stiano certi che d'ora innanzi il movimento proletario si occuperà di loro, come di certo avverrà per chi permette di liquidare come interrogatori energici, le torture inflitte ai comunisti. Ricordiamo che ogni giorno il proletariato si interroga sul perché la verità di tanti professionisti finisca sempre per essere stranamente uguale alla verità del ministero dell'Interno*».

Ma come nasce il documento di rivendicazione dell'omicidio di Walter Tobagi? Per Marco Barbone è l'evoluzione logica delle ricerche effettuate fin dai tempi di Guerriglia Rossa, almeno un anno prima dell'uccisione dell'inviato del «Corriere della Sera»:

«*Rispetto ai problemi generali dell'informazione, all'uso dell'informatica, a tutti gli argomenti trattati, era già da parecchio, più di un anno, dai tempi dell'esperienza di Guerriglia Rossa, che se ne discuteva. Noi leggevamo queste riviste specializzate. Per cui, rispetto a questo, io ho fatto un lavoro di estensione. Per la biografia di Tobagi, ricavata soprattutto da "Prima Comunicazione", l'estensore era Daniele Laus. Abbiamo discusso questo documento nelle linee generali e la discussione è stata lunga e approfondita. Ci sono state riunioni, in cui Mario Marano ha portato il suo contributo, così come tutti gli altri compagni*».[1]

Daniele Laus conferma. L'analisi generale del documento è pronta ben prima del maggio 1980:

«*Questa analisi si era sviluppata e rafforzata nel dibattito tra me, Barbone e Morandini di Guerriglia Rossa. E si è andata affinando quando è stata contrastata da questi due*

1. Interrogatorio di Marco Barbone del 5 ottobre 1980.

compagni, Mario Marano e Francesco Giordano che non capivano forse, comunque non erano d'accordo con questo genere di cose».[2]

Paolo Morandini descrive la genesi del volantino, dalle prime idee in bozza fino alla sua realizzazione definitiva:

«*Rivedo gli altri il giorno dopo. Però alla stesura definitiva del volantino non partecipano tutti: solo io, Laus e Barbone. Definisco il volantino "documento" in quanto era composto da alcune pagine assai fitte. Era composto da Barbone che aveva raccolto gli appunti. Se ne era discusso ampiamente prima del fatto tra tutti i componenti del gruppo. I primi due terzi li ha messi insieme Barbone, traendo brani o informazioni da vari libri; tra gli altri so che attinse da "Ikon" e "Prima Comunicazione". Sul testo del volantino vi era stata discussione, ma non dissenso. Io e Laus avevamo apportato qualche lieve modifica, più di carattere formale in sede di stesura definitiva... La terza parte viene scritta da me e Laus, anche se il contenuto era stato oggetto di preventiva discussione tra tutti. La battuta a macchina viene fatta a casa di Barbone in via Solferino. Ricordo che a un certo punto, Marco Barbone esce con Caterina Rosenzweig e continuiamo io e Laus. La macchina da scrivere era stata comperata appositamente da Laus, non so in quale negozio. Poi fu smontata e distrutta e io stesso provvidi a gettare i pezzi nel laghetto del Parco Sempione. L'originale è in mano a Laus che ne fa qualche fotocopia. Non partecipai alla distruzione di questa prima stesura che doveva essere diffusa solo in ambito ristretto, tipo altri gruppi politici... La seconda stesura viene leggermente ridotta onde riuscire a contenere il documento su tre*

2. Interrogatorio di Daniele Laus dell'8 novembre 1980.

fogli invece di quattro. Viene battuta su un'altra macchina e su una matrice da ciclostile».[3]

L'indagine e il successivo dibattimento processuale hanno chiarito la dinamica della costruzione del documento: le fonti utilizzate dalla Brigata 28 marzo (libri e riviste specializzate), le attività precedenti sui problemi dell'informazione di Barbone, Laus, Morandini in Guerriglia Rossa, i chiari riferimenti alle risoluzioni strategiche delle Brigate Rosse, le modalità di scrittura e di spedizione del volantino.

Restano inevase, ancora oggi, alcune domande sul contenuto dell'elaborato.

Chi ha passato a quei giovani preziose informazioni riservate, interne al gruppo editoriale Rizzoli?

Come gli sono arrivate?

Erano contenute solo negli articoli pubblicati dalle riviste specializzate oppure suggerite da altra fonte, anche soltanto in modo inconsapevole?

I componenti della Brigata 28 marzo hanno redatto il documento oppure si sono avvalsi della collaborazione di qualcuno rimasto fuori dalle indagini?

Magistrati e giudici hanno escluso ogni intervento esterno.

Quel documento viene scritto materialmente da Marco Barbone, Daniele Laus, Paolo Morandini, discusso e approvato da Manfredi De Stefano, Mario Marano e Francesco Giordano.

Così stabiliscono i Tribunali.

---

3. Interrogatorio di Paolo Morandini del 19 novembre 1981.

Soldati e generali

«Devi essere un soldato che parla al suo generale. Ti conviene confessare.»

Il generale dei Carabinieri
Carlo Alberto Dalla Chiesa a Marco Barbone

Un'inchiesta per omicidio deve partire da punti fermi, pochi e verificati dalla polizia giudiziaria. Le prime dichiarazioni di un testimone rappresentano soltanto un'angolazione, una prospettiva limitata. La sua visuale può essere ostacolata da vetture, insegne, siepi, cose e persone in movimento. Dal basso, l'occhio osserva pochi e sfumati particolari, ma dall'alto di un palazzo la scena del delitto risulta assai più chiara. L'altezza offre la somma di tutte le traiettorie possibili. Nulla interviene tra l'occhio e il punto esatto in cui viene colpito Walter Tobagi. La vista si allarga e risulta precisa la posizione di tiro degli assassini, così come appare evidente la loro via di fuga.

Il commando è formato da sei persone. Marco Barbone e Mario Marano sono gli esecutori materiali dell'omicidio. Francesco Giordano ricopre il ruolo di palo. Daniele Laus è l'autista della macchina che carica i killer e li porta al sicuro, comunque lontano da via Salaino. Paolo Morandini e Manfredi De Stefano osservano gli spostamenti di Walter Tobagi negli attimi che precedono la sua uccisione. Due le pistole utilizzate nell'agguato: una calibro 9 corto filettata con silenziatore montato in mano a Marco Barbone, una calibro 7,65 silenziata in dotazione di Mario Marano. Sei colpi vengono sparati contro l'inviato del «Corriere della Sera». Uno di questi risulta mortale.

Un buon investigatore parte da questi indizi, poi compie l'analisi comparata su armi e munizioni impiegate nell'agguato.

Un proiettile non possiede un'anima. Quando entra nel corpo di un uomo devasta ogni organo, lacera, frantuma. Ma lascia tracce. Nei frammenti resta un'impronta indelebile che consente agli esperti di ricostruire la provenienza dell'arma che lo ha fatto esplodere. Quei frammenti non hanno un nome, se non dell'azienda che li ha costruiti, prodotti e poi venduti. Presentano spesso polveri e grassi; lasciano alla memoria di chi li studia, le striature e i solchi delle pistole. Studiando la loro composizione, si possono risolvere casi giudiziari complicati, aprire nuove ipotesi, abbandonarne altre.

Nel 1983, durante il processo di primo grado contro la Brigata 28 marzo, il sostituto procuratore della Repubblica di Milano Armando Spataro sintetizzerà così le perizie balistiche degli esperti:

«*È necessario esaminare con calma queste risultanze perché a mio avviso confermano, in maniera piena e precisa, le dichiarazioni di Marco Barbone. La perizia localizza sei colpi. Due sulla spalla sinistra, il primo all'altezza della scapola, trapassante, il secondo all'altezza del cuore; questo è il colpo mortale e lo afferma la perizia. Il proiettile di questo colpo è stato reperito all'interno del cuore di Tobagi ed è un proiettile calibro 7,65. Il colpo mortale è quindi stato sparato da Mario Marano*».

In un'inchiesta su un omicidio politico, non servono solo le analisi su pistole e proiettili. Per giungere agli assassini di Walter Tobagi, ci vuole pazienza, perseveranza e molta fortuna. Bisogna leggersi in modo attento i documenti di rivendicazione, effettuare perizie calligrafiche su buste e fogli da lettera, volantini di altre organizzazioni della lotta armata. Ma nel 1980 la tecnologia che supporta le indagini è agli inizi. Gli inquirenti non posseggono computer, scanner, telefoni cellulari, macchine fotografiche digitali: le microspie impiegate nelle intercettazioni ambientali sono composte da vecchie membrane acustiche che impastano i suoni; le vetture impiegate dalla polizia giudiziaria sono lente e inadeguate.

Sul piano tecnico, le inchieste relative a un omicidio politico di matrice terroristica risultano sempre complicate. Solo la professionalità, il fiuto e la collaborazione leale tra diversi organi di polizia giudiziaria, possono portare gli investigatori a risolvere il caso in tempi rapidi.

I magistrati impegnati nell'inchiesta sull'omicidio di Walter Tobagi, si indirizzano senza esitazione alcuna verso militanti all'area di «Rosso» e Guerriglia Rossa come conferma Armando Spataro:

«*L'inchiesta ovviamente si è sviluppata subito dopo la morte di Tobagi ed è stata condotta dai carabinieri dell'Antiterrorismo. In pratica grazie all'analisi del documento di rivendicazione e al contenuto dello stesso, i carabinieri individuarono dei nessi possibili tra chi aveva commesso l'omicidio Tobagi e chi aveva in tempi precedenti, ma di poco, commesso degli attentati che avevano per oggetto e obiettivo sempre il mondo dell'informazione, rivendicandoli con la sigla Guerriglia Rossa. Si saprà dopo che questa era un'altra sigla utilizzata da Barbone e i suoi complici, ma al momento ovviamente questo era ignoto. La sigla Guerriglia Rossa era stata utilizzata per rivendicare, rammento, un attentato all'agenzia Manzoni di pubblicità, nonché a dei furgoni che trasportavano gior-*

nali nel Nord-est. Lavorando sulla sigla Guerriglia Rossa, fu verificato che il modo di rivendicazione era identico, cioè la spedizione di volantini in busta a una serie di destinatari. Il vero salto di qualità fu costituito dal constatare che la grafia con cui erano scritti manualmente gli indirizzi su alcune buste era somigliante, se non identica, a un primo esame, a quella di Marco Barbone, o meglio a quella di una persona di cui era stato ritrovato un documento manoscritto nel covo di Corrado Alunni il 13 settembre '78 e che successivamente sulla base di una serie di indagini sembrava potersi identificare in Marco Barbone. Si iniziò dunque a puntare l'attenzione investigativa su Barbone e in quel periodo, pur ponendolo sotto intercettazioni telefoniche e altro, gli elementi a disposizione si rivelarono di poca rilevanza, anche perché Barbone partì per il servizio militare e dunque di fatto non aveva possibilità di contatti, di collegamenti con eventuali complici».[1]

11 GIUGNO 1980, DUE SETTIMANE DAL DELITTO TOBAGI

I carabinieri consegnano alla Procura della Repubblica di Milano un dettagliato dossier con cui richiedono regolare autorizzazione per intercettare le utenze telefoniche private di Marco Barbone, Paolo Morandini, Caterina Rosenzweig. Secondo i militi, l'area di provenienza della Brigata 28 marzo può essere la stessa di Prima Linea, delle Formazioni Comuniste Combattenti, dei Reparti Comunisti d'Attacco. Gli uomini di polizia giudiziaria ricordano il contenuto del materiale rinvenuto nel covo di Corrado Alunni e quello di pertinenza dei RCA. I carabinieri seguono i tre giovani in ogni lo-

1. Intervista ad Armando Spataro, *Giallo e nero*, «Radio24 – Il Sole 24 Ore», 2005, condotto dall'autore.

ro spostamento. Scattano decine di fotografie, ascoltano le loro conversazioni, controllano le persone del loro ambiente.

Il colonnello dei carabinieri Nicolò Bozzo è il più stretto collaboratore del generale Carlo Alberto Dalla Chiesa. Nel processo di primo grado del 1983, ricostruisce così le fasi salienti di pedinamenti, intercettazioni telefoniche e ambientali, osservazioni:

«*Il rapporto citato è il N.128 455/25 del Nucleo Operativo del gruppo CC di Milano. Giustificando una richiesta di intercettazioni telefoniche, segnaliamo le modalità con cui siamo giunti a determinate ipotesi investigative. Non si trattava di Brigate Rosse. Dopo aver studiato attentamente il volantino, il tipo di missiva utilizzata, abbiamo compreso che era opera di un'altra formazione. In provincia di Milano, c'erano molti gruppi, ma non erano un'infinità. Si poteva circoscrivere il raggio di azione. Individuammo l'area dalla quale potevano essere scaturiti questi fantomatici appartenenti alla Brigata 28 marzo: una frangia delle Formazioni Comuniste Combattenti e dei Reparti Comunisti d'Attacco, in particolare di Guerriglia Rossa. Perché aveva preso come obiettivo l'ambiente giornalistico, e poi vi era lo stesso sistema di invio dei volantini: utilizzavano la normale posta, mentre le Brigate Rosse telefonavano alle varie direzioni dei quotidiani. Man mano che proseguivano le indagini, attraverso intercettazioni e pedinamenti, ci rendemmo conto, pur non raccogliendo prove determinanti, che poteva essere la strada giusta. Altre piste cadevano e restava in piedi solo quella. L'11 giugno 1980 avevamo già formulato ipotesi precise*».[2]

2. Deposizione di Nicolò Bozzo, processo «Rosso-Tobagi», aula bunker del Tribunale di Milano, 1983.

4 LUGLIO 1980, CADE DI VENERDÌ
Sono da poco passate le 10.

I killer di Walter Tobagi escono allo scoperto, a sorpresa.

Si sono fatti i conti in tasca e per proseguire la loro attività terroristica hanno bisogno di soldi.

Quaranta milioni di lire possono bastare prima della ripresa autunnale.

Marco Barbone deve partire il giorno dopo per il servizio militare.

Una rapina di autofinanziamento.

Decidono così di colpire l'agenzia 12 della Banca Popolare di Milano, quella di viale Molise, non lontano dal macello pubblico e dall'Ortomercato.

È situata in un vecchio stabile a un piano.

Il commando è formato da Marco Barbone, Paolo Morandini, Daniele Laus e Manfredi De Stefano.

Tutti senza passamontagna.

Due giovani ben vestiti si presentano all'ingresso della banca.

Salgono gli scalini, entrano nell'agenzia.

Estraggono le pistole e costringono impiegati e clienti a sdraiarsi per terra.

In pochi secondi, la banda ripulisce le due casse dell'istituto di credito, riponendo dentro le borse quaranta milioni di lire divise in banconote da piccolo taglio.

Poi sequestrano il direttore dell'agenzia e lo fanno salire su una Simca rossa.

Si dirigono verso Piazzale Susa.

Prima di imboccare il sottopassaggio della stazione di Porta Vittoria sentono vicine ed insistenti le sirene delle vetture della polizia.

Svoltano per via Monte Ortigara.

L'autista blocca la macchina, il direttore della banca scende e i rapinatori fuggono a grande velocità.

Ma...

Ma le telecamere sono sempre in funzione nell'agenzia 12 della Banca Popolare di Milano.

I volti dei rapinatori restano impressi sui fotogrammi.

È l'ultimo colpo di coda della Brigata 28 marzo.

Il 5 luglio 1980, Marco Barbone parte per Albenga:

«*Questa rapina fu l'ultima azione criminosa cui ho partecipato. Partii per il militare il 5 luglio, un sabato. A Diano Marina avevo affittato un miniappartamento in previsione dell'arrivo della mia fidanzata Caterina Rosenzweig che in effetti mi raggiunse il lunedì successivo. Trascorsi con Caterina l'intero mese di luglio a Diano Marina, compatibilmente con il mio impegno di recluta*».[3]

Marco Barbone si trova dunque in Liguria per il servizio militare. Caterina Rosenzweig passa con lui l'intero mese di luglio. Daniele Laus e Paolo Morandini partono per le vacanze estive. Gli investigatori non li perdono mai di vista.

8 LUGLIO 1980

Il generale dei Carabinieri Carlo Alberto Dalla Chiesa si trova davanti a deputati e senatori della Commissione Parlamentare Moro. Ricorda che dopo l'omicidio Tobagi, editori, direttori, azionisti dei giornali si sono spaventati, ma si dice convinto che «*è qualcosa che rimane nell'ambito dei cronisti, che ospitano nelle loro file certamente qualcuno che ha determinato un clima di cui si sono avvalsi i killer per uccidere Walter Tobagi.*»

3. Interrogatorio di Marco Barbone del 4 ottobre 1980.

L'onorevole Luigi Covatta gli chiede se si riferisce a possibili mandanti occulti e Dalla Chiesa, in seduta segreta, conferma: «*Sì, mi riferisco proprio ai mandanti*».

La Brigata 28 marzo si ricompone nel settembre 1980 ad Albenga, soltanto per un fine settimana. Ma accade un imprevisto.

Il generale Carlo Alberto Dalla Chiesa viene nuovamente interrogato dalla Commissione Parlamentare Moro.

È il settembre 1980.

Dalla Chiesa rivela particolari importanti dell'inchiesta sull'omicidio di Walter Tobagi.

Sostiene che le indagini si stanno indirizzando verso una specifica area di Autonomia Organizzata, quella che porta alle Formazioni Comuniste Combattenti e ai gruppi che ne sono scaturiti.

La notizia viene anticipata dal settimanale «L'Espresso».

Magistrati e carabinieri temono che Marco Barbone e quelli del suo gruppo possano intuire le piste investigative.

24 SETTEMBRE 1980

Siamo all'epilogo finale.

La Procura della Repubblica di Milano firma un ordine di cattura nei confronti di Marco Barbone.

È il giorno in cui sui tavoli dei magistrati giunge l'ultimo rapporto dettagliato del Nucleo Operativo dei carabinieri di Milano.

In decine di pagine, vengono riassunte le indagini di polizia giudiziaria eseguite dal 28 maggio al 24 settembre 1980.

Gli inquirenti allegano il giudizio di identità della grafia del CIS sul documento di rivendicazione dell'omicidio di Walter Tobagi e la comparazione con volantini delle Formazioni Comuniste Combattenti, di Guerriglia Rossa, delle SAP. Riannodano il filo che conduce alla Brigata 28 marzo.

I carabinieri accusano Marco Barbone di associazione sovversiva, banda armata, rapina aggravata, sequestro di persona, detenzione e porto abusivo di armi, incendio doloso, danneggiamenti. Ma nel documento non compare mai il reato di omicidio.

Il rapporto porta la firma del comandante Vito Damiano.

Marco Barbone viene arrestato il 25 settembre 1980, nella casa di via Solferino 34 che condivide con Caterina Rosenzweig, e condotto alla stazione dei carabinieri di Porta Magenta.

Il 2 ottobre 1980, dopo una settimana di detenzione, Barbone viene sottoposto al primo interrogatorio davanti ai sostituti procuratori della Repubblica Armando Spataro e Corrado Carnevali.

In quell'occasione, Barbone nega ogni responsabilità. Ma al termine, Spataro gli ricorda:

«*Al termine dell'interrogatorio gli dissi che era anche indiziato e sospettato di essere autore dell'omicidio Tobagi. Fu probabilmente una comunicazione che lo sconvolse, fatto è che il giorno dopo egli chiese di poter parlare con il generale Dalla Chiesa. A lui disse che intendeva collaborare e rivelare quanto sapeva sull'omicidio Tobagi, chiedendogli cosa lui personalmente e le istituzioni potessero fare per aiutare i collaboratori. Il generale Dalla Chiesa si impegnò per un futuro compito di promozione della necessità di rafforzare la legge sui pentiti che già esisteva, ma non era ancora di contenuti dirompenti, come in effetti fece dopo. Barbone confessò e rivelò tutto, ovviamente dinamica, motivazioni e autori, complici e dunque possiamo dire che per l'omicidio Tobagi alla verità non saremmo mai arrivati senza le sue confessioni. Furono queste a determinare la scoperta di tutto il contesto criminale che stava dietro l'omicidio Tobagi. Bar-*

bone ovviamente collaborò anche su altri fatti e rivelò tutta la sua carriera terroristica e i vari contatti criminali che aveva avuto».[4]

A un certo punto, durante le fasi concitate e drammatiche del primo incontro, il generale Carlo Alberto Dalla Chiesa avverte Marco Barbone:

«*Devi essere un soldato che parla al suo generale. Ti conviene confessare*».

4 OTTOBRE 1980

Marco Barbone crolla e confessa decine di azioni, dalle prime al liceo «Giovanni Berchet» di Milano fino all'omicidio di Walter Tobagi. Per Armando Spataro, è una data storica per la lotta al terrorismo:

«*Barbone confessò l'omicidio di Walter Tobagi descrivendo motivazioni, complici, dinamiche, modalità operative. Spiegò il suo percorso che veniva da lontano, dalla militanza nel gruppo di Toni Negri, poi nelle Formazioni Comuniste Combattenti di Corrado Alunni, fino alla costituzione in proprio della Brigata 28 marzo allo scopo di entrare nelle Brigate Rosse con un patrimonio da spendere. Barbone spiegò l'intera carriera criminale. Sul piano delle testimonianze, è apparso mostruoso, di una serietà encomiabile. Mostruoso per la successione di date, indizi, particolari, indicazioni nominative che non hanno riscontro nella mia esperienza. È una persona che per quanto riguarda la lotta al terrorismo è stata importante quanto a Peci per le Brigate Rosse*».[5]

---

4. Intervista ad Armando Spataro, *Giallo e nero*, «Radio24 – Il Sole 24 Ore», 2005, condotto dall'autore.
5. Intervista di Armando Spataro al programma *La storia siamo noi,* di Giovanni Minoli, Rai Tre, 2004.

Quella di Marco Barbone è un'analisi precisa e minuziosa della storia della lotta armata di sinistra milanese. Una ricostruzione puntuale, composta di date, orari, nomi e cognomi, ruoli, azioni, operazioni militari compiute personalmente, documenti scritti e spediti ai quotidiani, modalità operative, reti logistiche. Inizia così la sua lunga deposizione davanti al generale Carlo Alberto Dalla Chiesa e l'avvocato di Marcello Gentili che difende, da quel momento, Marco Barbone:

«*Prendo atto che la legge mi riconosce la facoltà di non rispondere alle domande che mi verranno rivolte, ma dichiaro che intendo rispondere, avendo, anzi, io stesso sollecitato questo nuovo interrogatorio.*

In questi giorni di detenzione ho avuto modo di riflettere e approfondire un processo ulteriore di revisione delle mie posizioni, sia politiche che personali, processo che era già in corso da tempo e che mi vedeva profondamente critico e travagliato rispetto al complesso del mio trascorso politico.

In particolare, devo dire che la lotta armata in Italia non ha prodotto nulla dal punto di vista degli obiettivi politici che si proponeva (presa di potere, guerra civile di lunga durata, costruzione dell'esercito proletario). Ha invece prodotto numerosi guasti nella vita sociale: un imbarbarimento della vita civile e politica, uno smarrimento della capacità della classe operaia di essere soggetto politico, trovandosi espropriata di ogni punto di riferimento finora acquisito a causa della pratica della lotta armata...

In questa revisione critica ha ripreso forza in me la preoccupazione verso l'aspetto umano e quindi doloroso del fenomeno del suo complesso. Il cinico "si spara sulla funzione e non sull'uomo" si è rivelato nella sua piena e tragica miseria. Con questo non intendo spendere parole di ipocrisia, frutto del momento in cui mi trovo, ma solo riportare alla dimensione umana una pratica che questa dimensione aveva smarrito.

In virtù di questa premessa per me rigorosa e necessaria, dichiaro che ho deciso di dire assolutamente la verità sul mio passato e sui fatti criminosi di cui sono stato protagonista o testimone; ciò faccio superando l'aspetto doloroso di parlare di persone e fatti che hanno costituito il centro del rapporto umano con tanti compagni.

Chiedo solo alla magistratura e allo Stato di affrontare e risolvere il problema del recupero alla vita sociale di larghi strati di giovani, non attraverso la via delle possibilità offerte ai singoli, ma attraverso la strada coraggiosa, una soluzione politica, di riaprire delle porte troppo spesso chiuse da un concatenarsi di eventi che rendono così difficile l'abbandono di determinate scelte e pratiche...

Questo mio attuale atteggiamento non è il frutto di una scelta obbligata dettata dalle circostanze, ma rappresenta l'evolversi di una mia vita passata, nel corso della quale il mio distacco dalle formazioni armate è stato di fatto impedito dal complesso dei rapporti umani che mi coinvolgevano, da un fenomeno di autoesaltazione dell'azione armata, dalle obiettive difficoltà di uscire da una pratica di lotta armata per chi sia stato coinvolto in azioni che di quella pratica sono espressione».[6]

Nei giorni successivi a quello storico interrogatorio di Marco Barbone, saranno fermati tutti i componenti della banda.

Paolo Morandini bloccato in corso Vercelli dopo aver dato un appuntamento alla madre.

6. Interrogatorio di Marco Barbone del 4 ottobre 1980.

Daniele Laus, Francesco Giordano, Manfredi De Stefano, Mario Marano, saranno catturati nelle loro abitazioni e nei luoghi di lavoro.

Nessuno di loro fuggirà all'estero, neppure diventerà latitante.

Sceglieranno strade processuali diverse.

Per Laus, Giordano, De Stefano saranno anni di carceri speciali.

Per Barbone e Morandini, la libertà quasi immediata.

Per Marano, la libertà successiva, dopo il successivo pentimento.

Confidenti

«Quello della penetrazione del fenomeno (penetrazione nel senso culturale e conoscitivo), e tra l'altro, là dove è possibile, dell'infiltrazione, deve essere consentita a chi pratica la guerriglia e la controguerriglia. Molte volte ci può essere l'infiltrato che lo fa come sottufficiale dei carabinieri. Lo fa anche lui l'infiltrato, ma lo può fare anche il mercenario, anche il combattente, anche colui che intende distruggere l'avversario. Bene, questo sistema dell'infiltrato ha condotto sovente a conoscere due, tre persone, per arrivare a venti e anche quaranta.»

Carlo Alberto Dalla Chiesa,
Commissione Moro, 8 luglio 1980

Dove termina il ruolo del confidente?

Dove inizia quello dell'infiltrato?

La lotta al terrorismo, così come la rivoluzione, non è certamente un pranzo di gala.

Ecco perché lo Stato e i suoi apparati di intelligence organizzano operazioni di infiltrazione nei gruppi clandestini di sinistra, fin dall'inizio della loro lunga storia.

Sono capillari, sistematiche, operative.

I servizi segreti e le diverse «*agenzie*» a essi collegati, sfruttano così il disagio di sinistra dai primi anni Settanta.

La prevenzione e il contrasto al terrorismo da parte dello Stato passa anche attraverso voci e testimonianze dirette, prese all'interno dell'area armata. Del resto, il generale Carlo Alberto Dalla Chiesa ripete spesso ai suoi collaboratori un aneddoto efficace, quanto emblematico:

«*Per catturare i pesci bisogna togliere l'acqua nel loro acquario, quella in cui nuotano abitualmente...*

Se è vero che l'infiltrazione esisteva fin dai tempi dei babilonesi e anche vero che, in tutte le guerre, gli eserciti hanno attinto a piene mani dal nemico vinto. E c'è da aggiungere una cosa: la collaborazione vale in quanto coloro che la utilizzano siano ben preparati, in grado cioè di coglierne l'intera tematica senza lasciare spazi alla reticenza, alle omissioni, ai falsi».[1]

Così il primo a inserirsi nelle Brigate Rosse, tra il 1970 e il 1972, è Marco Pisetta, nome in codice «*fonte Fox*».

Pisetta, militante del GAP, Gruppi di Azione Partigiana di Giangiacomo Feltrinelli, è in realtà un agente del SID, Servizio Informazioni Difesa.

Compone un memoriale di ventidue pagine, in cui descrive le attività dell'organizzazione terroristica a Milano, Torino e Genova.

Scrive sotto dettatura dei servizi segreti, mischia cose vere e inventate, con il chiaro scopo di depistare.

Il documento di Pisetta viene poi pubblicato dal settimanale «Borghese» diretto da Mario Tedeschi e da altri periodici di destra.

Il secondo infiltrato, certamente il più conosciuto, è Silvano Girotto, detto «*Frate mitra*».

---

1. Intervista del generale Carlo Alberto Dalla Chiesa, RAI, 1974.

Le operazioni coperte, coordinate dal capitano dei carabinieri Gustavo Pignero, portano il sedicente sacerdote francescano davanti alla stazione di Pinerolo, in provincia di Torino.

L'8 settembre 1974, Silvano Girotto incontra per la terza volta i vertici delle Brigate Rosse. Gli inquirenti fotografano i loro spostamenti e alla fine arrestano i capi storici Renato Curcio e Alberto Franceschini.

Mario Moretti, allontanato dall'organizzazione poco prima del blitz di Pinerolo, diviene leader indiscusso del gruppo.

Tra il 1975 e il 1976, il generale Giovanni Romeo, capo dell'Ufficio D del SID, dispone di un confidente all'interno dell'area di Autonomia Organizzata di Padova.

È Maurizio Lovo.

Grazie alle sue indicazioni, gli investigatori rintracciano Nadia Mantovani, brigatista latitante, e Renato Curcio a lei legato sul piano sentimentale dopo l'uccisione della moglie Mara Cagol.

Movimenti, collettivi, centri sociali, vengono controllati dalle forze dell'ordine. Il racconto di Nicolò Bozzo, già collaboratore di Carlo Alberto Dalla Chiesa, porta nuovi particolari, anche inediti:

«*Ufficiali e sottufficiali si erano iscritti in tutte le università considerate a rischio: Roma, Torino, Milano, Genova, Trento, Padova, Napoli, Pisa, perfino ad Arcavacata dove insegnava l'autonomo Franco Piperno. I carabinieri si comportavano come normali studenti, seguivano le lezioni, davano gli esami tanto che molti di loro si sono laureati, vivevano in appartamenti con altri ragazzi. Le spese venivano sostenute dall'Arma, così come le tasse universitarie. Un lavoro di infiltrazione più congeniale ai servizi segreti, ma che il generale Dalla Chiesa conduceva in proprio, certo com'era che soltanto at-*

traverso un'opera di infiltrazione si sarebbe riusciti a scoprire qualche mistero delle Brigate Rosse».[2]

E il generale dei Carabinieri Vincenzo Morelli, nel suo libro memoriale ammette:

«*Era necessario che fossero incrementati i fondi confidenziali sino allora scarsi, per ampliare e potenziare anche la rete degli informatori, principalmente all'interno degli stessi movimenti eversivi... Trovare ancora soluzioni appropriate per garantire le necessarie coperture al di fuori delle infrastrutture dell'Arma e altri enti dello Stato, ad alcuni sicuri e capaci elementi delle sezioni speciali, al fine di consentire loro anche il naturale inserimento tra gli operai di alcuni stabilimenti o tra gruppi di studenti, specie universitari, o di poter svolgere altra autonoma attività lavorativa nel mondo operaio o in altri settori*».[3]

Operazioni simili vengono messe a punto dall'Ufficio Affari Riservati del ministero dell'Interno, in particolare dal prefetto Federico Umberto D'Amato, poi perfezionate sul piano tecnico dal 1977 dall'UCIGOS, Ufficio Centrale per le Investigazioni Generali e per le Operazioni Speciali.

Il collaboratore di D'Amato, Giuseppe Mango specifica meglio scopi e fini delle attività, nella sua deposizione davanti al giudice di Venezia Carlo Mastelloni:

«*Fu nel 1977 che il direttore dell'UCIGOS, De Francisci, dispose che alcuni agenti penetrassero le principali Università frequentandone anche i corsi. Delle spese relative alla iscrizione, all'acquisto dei testi e alla collocazione abitativa si fece carico la stessa UCIGOS. Questo personale che evidentemente*

2. Intervista al settimanale «Panorama», 31 ottobre 1993.
3. Vincenzo Morelli, *Anni di piombo*, SEI, Torino 1988.

non frequentava l'ufficio riferiva in via esclusiva ai dirigenti delle DIGOS competenti per territorio: Torino, Milano, Bologna, Firenze, Roma, Napoli, Bari. Non fruiva di nessun rapporto con quello delle Squadre e si occupava solo di raccogliere informazioni sulle attività di Autonomia Organizzata».[4]

Le infiltrazioni sono proseguite soprattutto durante il sequestro del presidente della Democrazia Cristiana Aldo Moro, tra il 16 marzo e il 9 maggio 1978. Scrive l'onorevole di Democrazia Proletaria Luigi Cipriani:

«*L'agente del Sismi Pierluigi Ravasio mi disse che Pietro Musumeci, numero due dei servizi militari, aveva un infiltrato nelle Brigate Rosse. Era uno studente di giurisprudenza dell'Università di Roma il cui nome di copertura era "Franco", il quale avvertì con una mezz'ora di anticipo che Moro sarebbe stato rapito. Uno dei superiori diretti di Ravasio, il colonnello Guglielmi, si trovò a passare a pochi metri da via Fani, ma disse di non aver potuto fare niente per intervenire*».[5]

Le indagini del giudice veneziano Carlo Mastelloni dimostrano l'esistenza di una fonte di alto livello dell'Ufficio Affari Riservati del Viminale. Nome in codice, «Il Cardinale».

Le sue rivelazioni conducono gli inquirenti alla tipografia di via Foà a Roma, utilizzata dalle Brigate Rosse per stampare i documenti e le risoluzioni strategiche durante il rapimento Moro.

Sempre nel 1978, i carabinieri di Torino dispongono della fonte «Grifone», uno studente operaio della FIAT in contatto con la colonna brigatista del capoluogo piemontese.

---

4. Sentenza ordinanza del giudice istruttore di Venezia, Carlo Mastelloni, 30 aprile 1997.
5. Memoria dell'onorevole Luigi Cipriani, Commissione Stragi, 3 maggio 1991.

Altro confidente operante a Roma fino al 1979 è Paolo Santini, infiltrato dai carabinieri nella colonna delle BR.

Marco Pisetta, Silvano Girotto, Maurizio Lovo, Paolo Santini, fonti «Franco», «Grifone», «Il Cardinale». Sono solo alcuni casi di inserimento degli apparati dello Stato nei gruppi terroristici, accertati dall'autorità giudiziaria nel corso delle investigazioni.

Anche nell'inchiesta sull'omicidio di Walter Tobagi, emerge il ruolo di un confidente conosciuto nel partito armato.

È Rocco Ricciardi.

Nome in codice, «fonte buca».

Rocco Ricciardi nasce a Fisciano, in provincia di Salerno, il 25 ottobre 1950.

È impiegato presso l'ufficio postale di San Fermo, in provincia di Varese.

Nella metà degli anni Settanta, Ricciardi entra nel Collettivo Autonomo di Varese. Poi diviene militante effettivo delle Formazioni Comuniste Combattenti di Corrado Alunni.

Tra il 1977 e il 1978, entra in contatto con Marco Barbone e Caterina Rosenzweig.

Nel febbraio 1978, è uno degli organizzatori del tentato sequestro di Walter Tobagi, insieme a Marco Barbone, Caterina Rosenzweig, Corrado Alunni, Antonio Marocco, Pietro Guido Felice, Massimo Battisaldo. Per questa vicenda, i giudici di Milano assolveranno tutti per desistenza di reato, ovvero perché il fatto non sussiste.

Il suo ruolo nel mancato rapimento del giornalista del «Corriere della Sera» viene comunque da lui stesso confermato nella deposizione del 3 dicembre 1981 davanti al giudice Caimmi (pubblicata in questo libro nel capitolo «I ragazzi della porta accanto»).

Il 24 marzo 1979, Rocco Ricciardi diventa ufficialmente una fonte confidenziale dei carabinieri.

Quel giorno i militari perquisiscono la sua abitazione ma non trovano tracce della sua attività clandestina.

Ricciardi può conoscere fatti, circostanze, nomi e cognomi, anticipare qualche mossa dei terroristi, contribuire al loro arresto.

Ma non può fare di più.

Altrimenti verrebbe scoperto, accusato di delazione, e ucciso, come è accaduto ad altri come lui diventati nel tempo collaboratori.

Il 13 dicembre 1979, Rocco Ricciardi rivela al brigadiere dei carabinieri Dario Covolo il progetto a lui riferito da Pierluigi Franzinetti, leader dei Reparti Comunisti d'Attacco. Si tratta di un'azione armata da tenersi a Milano contro un vecchio obiettivo delle Formazioni Comuniste Combattenti. Ricciardi comprende che si può trattare di Walter Tobagi.

Il brigadiere Dario Covolo scrive la sua relazione che viene però sepolta nella cassaforte della sezione Antiterrorismo e non passata all'autorità giudiziaria.

Per i carabinieri, l'informazione di Rocco Ricciardi è in parte risaputa, quindi non determinante al fine delle indagini.

Infatti, in seguito all'arresto di Corrado Alunni nel settembre 1978, vengono rinvenuti documenti che dimostrano l'attenzione dei terroristi nei confronti di Walter Tobagi. Inoltre, sempre per i carabinieri, le confidenze di Ricciardi risultano perfino infondate perché nel 1979, le Formazioni Comuniste Combattenti sono state sgominate e i Reparti Comunisti d'Attacco attraversano una crisi che li porterà, in breve tempo, al definitivo scioglimento.

Dopo l'omicidio del giornalista del «Corriere della Sera» Walter Tobagi, la relazione del brigadiere Dario Covolo, poi trasferito per motivi disciplinari, viene trafugata dalla cassaforte e fatta filtrare all'esterno, utilizzata dal segretario del

PSI Bettino Craxi in un comizio elettorale, nei reportage del quotidiano «L'Avanti» e fornirà lo spunto per numerose interpellanze di deputati e senatori soprattutto socialisti.

Il 19 dicembre 1983, la notizia diventa pubblica. Il ministro dell'Interno Oscar Luigi Scalfaro risponde nell'aula di Montecitorio alle richieste dei socialisti sul ruolo del confidente Rocco Ricciardi nell'inchiesta sul delitto di Walter Tobagi:

«*Agli atti del reparto operativo del Gruppo carabinieri di Milano 1 esiste l'originale di una relazione di servizio redatta da un sottufficiale dell'Arma il 13 dicembre 1979 nella quale si legge: "Secondo il postino, il... (segue il nome di un altro confidente) e gli altri avrebbero lasciato il proposito di compiere azioni in Varese ma avrebbero in programma un'azione a Milano. Il ... non ha lasciato capire pienamente quale possa essere il loro obiettivo ma ha riferito al postino che si tratta di un vecchio progetto delle Formazioni Comuniste Combattenti (FCC). Per quanto riguarda l'azione da compiere qui a Milano e la zona nella quale il gruppo sta operando, il postino ritiene che vi sia in programma un attentato o il rapimento di Walter Tobagi, esponente del "Corriere della Sera". La zona in cui il gruppo sta operando dovrebbe essere quella di piazza Napoli- piazza Amendola- via Solari dove Tobagi dovrebbe abitare. Tobagi è un vecchio obiettivo delle Formazioni Comuniste Combattenti...". Dagli accertamenti svolti, il postino di Varese si identifica con un certo Rocco Ricciardi. Va rilevato che l'attività dell'Arma dei carabinieri è attività di polizia giudiziaria che implica, come tale, il dovere di riferire in via esclusiva all'autorità giudiziaria dalla quale dipende*».[6]

6. Dichiarazione del ministro dell'Interno Oscar Luigi Scalfaro, resoconto stenografico della seduta parlamentare, 19 dicembre 1983.

Rocco Ricciardi sarà arrestato il 16 novembre 1981, dopo essere stato chiamato in causa da Fortunato Balice per la sua attività nelle Formazioni Comuniste Combattenti. Diventerà collaboratore di giustizia. Fino a quel momento, i carabinieri lo tengono fuori dalle indagini, senza bruciarlo subito come accaduto ad altri confidenti, lasciandolo invece sul campo per ottenere informazioni sulle Brigate Rosse-Colonna Walter Alasia. Come sempre ci vengono in soccorso i documenti giudiziari:

«*In relazione ai numerosi personaggi indicati durante i suoi interrogatori da Marco Barbone con semplici nomi di battesimo, appellativi, furono redatti rapporti di polizia giudiziaria, con cui vari personaggi venivano completamente identificati. Ciò non avvenne per il "Rocco di Varese", pure nominato da Barbone perché all'epoca esisteva concreto interesse a sfruttare ancora le possibilità informative derivanti dall'attività di confidente di Ricciardi che, proprio in quel periodo, era entrato in contatto con appartenenti alle Brigate Rosse-Colonna Walter Alasia. Per la stessa ragione la fotografia di Ricciardi non fu inserita in alcuno degli album mostrati a Barbone e altri imputati*».[7]

Per il sostituto procuratore della Repubblica di Milano, Armando Spataro, non c'è alcun mistero sulla figura di Rocco Ricciardi. Tutto è chiarito, ripete più volte il magistrato titolare delle indagini sull'omicidio di Walter Tobagi:

«*Il sottoufficiale che ha raccolto le confidenze di Rocco Ricciardi aveva riferito al colonnello dei Carabinieri Umberto Bonaventura, che ne era a conoscenza per ragioni di ufficio, di quelle indicazioni fornite da Rocco Ricciardi. Era una relazio-*

7. Appunto della Legione carabinieri di Milano, ufficio OUIO del 25 aprile 1984, non classificato nel procedimento penale 95/88.

ne che non autorizzava nulla, se non la presa d'atto relativa a un vecchio progetto ormai desueto, avendo i carabinieri verificato che all'epoca di quel progetto il povero Tobagi aveva rifiutato la scorta. Certo, con il senno di poi, si può pensare che stranamente quelle indicazioni confidenziali erano relative a un progetto che poi è stato effettivamente eseguito. Di questo si deve prendere atto con dolore».[8]

Ma all'interno delle organizzazioni clandestine, qualcuno esprime dubbi sulla fede rivoluzionaria di Rocco Ricciardi prima del 24 marzo 1979, giorno in cui inizia la collaborazione ufficiale con i carabinieri. Sostiene il brigatista Gianantonio Zanetti:

«*Il primo motivo di sospetto nei confronti di Ricciardi sorse a seguito del fatto che, prima dell'arresto di Corrado Alunni, subì a San Fermo di Varese una perquisizione domiciliare da parte dei carabinieri, pur avendo armamento e altro in casa, non subì alcuna conseguenza. Le armi erano in cantina e in seguito, per noi, sorse il problema di dove ulteriormente collocarle. Le armi erano state occultate...*».[9]

Anche Corrado Alunni sospetta che Rocco Ricciardi abbia collaborato con la giustizia prima della data fornita dai carabinieri, il 24 marzo 1979. Pochi giorni dopo il suo arresto, il 13 settembre 1978, grazie a una telefonata anonima, gli inquirenti scoprono un covo da lui frequentato in compagnia di Marina Zoni e dello stesso Rocco Ricciardi:

«*Io fui arrestato in via Negroli, ma qualche giorno dopo, fu perquisita un'altra base, in via Melzo 12 dopo una telefo-*

---

8. Intervista di Armando Spataro al programma *La storia siamo noi*, di Giovanni Minoli, Rai Tre, 2004.
9. Interrogatorio di Gianantonio Zanetti davanti al giudice istruttore di Venezia Carlo Mastelloni, 17 settembre 1990.

nata o segnalazione pervenuta al pm Spataro. La circostanza, per quanto mi risulta, è sempre stata oscura circa l'autore della segnalazione. La base di via Melzo era conosciuta e frequentata da Ricciardi».[10]

3 DICEMBRE 2003

L'editore Franco Angeli mi invita alla presentazione del libro di Renzo Magosso e Roberto Arlati, *Le carte di Moro, perché Tobagi.*

Alla libreria Feltrinelli di corso Buenos Aires di Milano, oltre al sottoscritto e agli autori del volume, sono presenti il professor Giorgio Galli, l'ex sottosegretario di Grazia e Giustizia Franco Corleone, l'ex presidente della Commissione Stragi, Giovanni Pellegrino.

Il parterre è qualificato, il pubblico presente è assai preparato e informato.

Nel libro di Arlati e Magosso vengono proposte piste mai seguite dagli investigatori, neppure confermate da sentenze passate in giudicato dei Tribunali e della Corte di Cassazione.

Gli autori, un giornalista e un ex appartenente al Nucleo Antiterrorismo del generale Carlo Alberto Dalla Chiesa, battono le piste suggerite dalla dietrologia e intervistano, senza scrivere mai il nome vero, il brigadiere Dario Covolo, nome in codice «Ciondolo».

Arlati e Magosso riferiscono che Covolo segnala al suo superiore diretto, con largo anticipo, i nomi dei terroristi autori dell'omicidio di Walter Tobagi, redigendo una nota informativa riservata.

10. Interrogatorio di Corrado Alunni davanti al giudice istruttore di Venezia Carlo Mastelloni, 17 settembre 1990.

Ma i suoi superiori lo allontanano dal Nucleo Antiterrorismo di Milano.

Nel libro, però, non si ammette una circostanza importante. La si accenna, descrivendola come un fatto di mero costume.

Il brigadiere viene esautorato dalle sue funzioni soprattutto per i suoi comportamenti personali: l'uso continuo di alcolici, intere notti passate nei night club, azioni avventate che rischiano di mettere in discussione inchieste delicate.

Dario Covolo, comunque, viene trasferito, in una stazione dei Carabinieri ai confini con la Svizzera.

Per tre anni, secondo il resoconto di Arlati e Magosso, dopo l'assassinio di Tobagi, la sua nota di servizio resta nascosta.

Viene perfino negata la sua esistenza.

Gli autori del reportage rivelano che «Ciondolo» prende servizio nel Nucleo Antiterrorismo proprio nei giorni in cui viene assassinato da Prima Linea il giudice Emilio Alessandrini.

Walter Tobagi, scrivono Arlati e Magosso, «*in più occasioni sostenne che i terroristi avevano ammazzato proprio il magistrato intenzionato a mettere sotto inchiesta il Banco Ambrosiano e il suo presidente Roberto Calvi*».

Le discussioni non passano inosservate, né al mondo del terrorismo, né a quello della loggia massonica P2 di Licio Gelli.

E nemmeno ai carabinieri del Nucleo Antiterrorismo che operavano, rilevano gli autori, affiancati da ufficiali del Nucleo Investigativo diretti dal comandante della legione, il tenente colonnello Rocco Mazzei, un ufficiale apparso nella lista della loggia P2, insieme al generale Palombo.

Sempre secondo il racconto di Arlati e Magosso, «Ciondolo» riferisce quanto a sua conoscenza all'allora capitano Bonaventura che così risponderebbe:

«*Sappiamo che Tobagi è uno dei possibili obiettivi. Lo sappiamo da tempo. Lo sa anche lui. È stato avvisato. Ha persino rifiutato la scorta. Dunque questa notizia significa tutto e niente. Gli ordini li do io... Tu fai un rapportino e spiega la situazione. Sai bene che non devi firmarlo. Noi dell'Antiterrorismo non esistiamo per nessuno. Altrimenti poi, nei processi vi chiamano a testimoniare. Poi lascia perdere i nomi che ha fatto il "postino" nel rapporto: parlo di quelli che mi hai appena detto, Barbone, Morandini, la Rosenzweig e gli altri. Tanto me li hai detti a voce, no?*»[11]

Walter Tobagi – scrivono gli autori – non viene messo al corrente di nulla, non sa di Ricciardi e delle sue rivelazioni messe nero su bianco da «Ciondolo», non sa che Barbone continua a pedinarlo.

Non sospetta, insomma, di essere nel mirino di un ben individuato gruppo di fuoco. Nemmeno la magistratura viene informata di questa circostanza.

Ma gran parte dei protagonisti di questa vicenda, raccontata da Roberto Arlati e Renzo Magosso, non possono più parlare.

Walter Tobagi è stato ucciso dalla Brigata 28 marzo.

Il colonnello dei Carabinieri Umberto Bonaventura è deceduto nel novembre 2002 per un infarto.

Dario Covolo, «Ciondolo», si è ritirato da tempo in una località segreta nell'Oceano Pacifico.

10 DICEMBRE 2003. MONTECITORIO

Marco Boato, Alfredo Biondi, Walter Bielli, Ugo Intini, Giuliano Pisapia, chiedono al Governo risposte certe.

«*Se il Governo sia a conoscenza dei fatti che sono docu-*

---

11. Roberto Arlati, Renzo Magosso, *Le carte di Moro, perché Tobagi*, Franco Angeli, Milano 2003.

mentati e ricostruiti nel libro di Arlati e Magosso, con dati testimoniali e riferimenti a fonti pubbliche e atti parlamentari, e quale sia il suo giudizio. Quali iniziative il Governo intenda eventualmente assumere in riferimento ai fatti e alle testimonianze riportate nel volume.»[12]

16 GIUGNO 2004
Le richieste dei parlamentari giungono alla Camera dei Deputati.

Il resoconto dello scambio di battute polemico tra il ministro per i Rapporti con il Parlamento, Carlo Giovanardi, e il deputato del centrosinistra, Marco Boato, dimostra quanto «*il caso Tobagi*» possa rappresentare un nervo scoperto, un nodo irrisolto della politica italiana. Ancora oggi:

Marco Boato
«*Il 28 maggio 1980 fu assassinato a Milano dai terroristi della Brigata 28 marzo Walter Tobagi, autorevole giornalista del "Corriere della Sera". A distanza di anni, sono ricorrenti gli interrogativi sulle gravi omissioni da parte di ufficiali dei carabinieri dell'epoca, i quali nascosero e non diedero seguito a una nota informativa preventiva, redatta da un sottufficiale del Nucleo Antiterrorismo. Già nel dicembre del 1979, sei mesi prima dell'omicidio, i nomi dei terroristi che stavano progettando l'assassinio di Tobagi erano noti, ma nulla venne fatto per impedirne la morte. Le complicità e le omissioni da parte di ufficiali dei carabinieri dell'epoca sono state ricostruite in un libro dell'ex capitano Arlati e del giornalista Magosso. È*

12. Camera dei Deputati, interpellanza di Marco Boato, Alfredo Biondi, Walter Bielli, Ugo Intini, Giuliano Pisapia, 10 dicembre 2003.

necessario che questa vicenda venga riaperta per rendere giustizia alla memoria di Tobagi, la cui morte poteva essere evitata e ciò colpevolmente non fu fatto.»

Carlo Giovanardi
«*Sulla base di alcune informazioni attinte dalle autorità giudiziarie, devo smentire categoricamente le illazioni dell'onorevole Boato, che non corrispondono assolutamente a verità e che si inseriscono nel filone di quella dietrologia secondo la quale i responsabili degli omicidi non sarebbero gli assassini che hanno mietuto vittime negli anni di piombo. Infatti, vi sarebbero sempre delle trame oscure per cui la colpa sarebbe dei carabinieri, delle forze dell'ordine o di coloro che non si capisce perché non avrebbero cercato di evitare questi omicidi. Nel caso specifico vi sarebbero state indagini da parte di autorevoli magistrati, come Spataro e Pomarici, anche di tendenze politiche e culturali assolutamente differenti, che hanno comunque chiarito le speculazioni, come quelle dell'onorevole Boato, che confondono date e circostanze. Nessuno ha mai indicato alle forze di polizia e ai carabinieri i nomi degli assassini. Ci mancherebbe altro che fosse emersa una circostanza di questo tipo! Quindi, il Governo non ha potuto fare altro che raccogliere nuovamente dalla procura di Milano, dai magistrati, sulla base di dichiarazioni rese in passato e di quelle di oggi, la loro volontà di non spiegare nuovamente cose già chiarite in tutte le sedi competenti. Ricordo soltanto l'ultima affermazione del dottor Armando Spataro, responsabile dell'inchiesta e della procura della Repubblica di Milano che ha ribadito che la morte di Tobagi (aveva rifiutato scorta e tutela, tra le altre cose) è connessa solo a ciò che rappresentava per la democrazia di questo Paese. Purtroppo, è stata una delle tantissime delle centinaia di vittime dell'eversione armata di quei tempi*

che non voleva né giornalisti, né magistrati, né politici, nel tentativo di soffocare e annullare la democrazia del nostro Paese. Credo non dovremmo mai finire di condannare quegli assassini, senza continuare ad attribuire, ancora oggi nel 2004, come fa l'onorevole Boato, la colpa ai carabinieri e a chi combatteva l'eversione terroristica in quegli anni.»

Marco Boato
«*Signor presidente, la risposta del ministro Giovanardi è semplicemente indecente. Ho detto che Tobagi è stato assassinato dalla Brigata 28 marzo, quindi il ministro non ha capito assolutamente nulla.*»

Carlo Giovanardi
«*Ho capito benissimo.*»

Marco Boato
«*Il sottufficiale dei carabinieri del Nucleo Antiterrorismo di Milano, nome in codice "Ciondolo", che questa settimana ha confermato tutto, per filo e per segno, al settimanale "Gente" (non mi pare sia un settimanale eversivo), ha dichiarato che, sette mesi prima, aveva fornito ai suoi ufficiali superiori i nomi di coloro che stavano progettando l'assassinio.*»

Carlo Giovanardi
«*È falso. È falso.*»

Marco Boato
« *Ministro, stia zitto e non mi interrompa… Aveva fornito, dicevo, i nomi degli assassini che stavano progettando l'omicidio di Walter Tobagi.*»

Carlo Giovanardi
«Lotta continua…»

Marco Boato
«Il generale Giuseppe Richero convocò il sottufficiale a Roma, insieme ai comandanti, i capitani Ruffino e Bonaventura, e gli intimò di stare zitto e lui mise a verbale le sue dichiarazioni. Il generale Bozzo, principale collaboratore del generale Carlo Alberto Dalla Chiesa, affermò: "Dissi chiaramente al generale Dalla Chiesa, all'inizio del 1980, che eravamo stati tagliati fuori, a Milano, dalle indagini sul terrorismo. Feci notare che ormai i capitani Ruffino e Bonaventura rispondevano praticamente solo ai colonnelli Mazzei e Panella, poi risultati iscritti alla loggia P2". Questo, signor ministro, è ciò che risulta dalle dichiarazioni del generale dei carabinieri, non fellone come altri, Nicolò Bozzo, in riferimento al generale dei carabinieri Carlo Alberto Dalla Chiesa, in relazione a ciò che avvenne a Milano e che è stato – non vent'anni fa, ma sette mesi fa – pubblicato nel libro Le carte di Moro, perché Tobagi, *in riferimento a come e quando decisero di non salvare Walter Tobagi. Questa settimana, sul settimanale "Gente", ciò è stato confermato per filo e per segno dal sottufficiale (ciò va a onore dell'Arma dei carabinieri) che scrisse quel rapporto.»*

Carlo Giovanardi
«Lotta continua…»[13]

Come dire…

Per lo Stato, i suoi apparati e la politica, non esiste alcun mandante occulto dietro all'omicidio di Walter Tobagi.

13. Camera dei deputati, resoconto stenografico seduta del 16 giugno 2004.

Responsabilità

«Noi vivevamo il problema della morte all'interno di una grande ideologia, per cui, io mi sono trovata direttamente ad ammazzare le persone. Quell'omicidio è stato vissuto ancora dentro la logica della funzione. Per me era come svolgere una routine di lavoro... È questa l'aberrazione, perché tu hai un'ideologia per cui tu sei da una parte dove ci sono gli amici, dall'altra invece stanno i nemici. E i nemici sono una categoria, delle funzioni, dei simboli da colpire, non degli uomini. E quindi trattare queste persone con la simbologia del nemico fa in modo che tu non hai un rapporto di assoluta astrazione con la morte.»

Una militante delle Brigate Rosse

Ci fu un tempo in cui arrivarono i giorni bui, e poi quei giorni si dileguarono e il buio scomparve per sempre.

Ci fu un tempo in cui giovani ribelli con le armi attaccarono lo Stato e colpirono a morte i loro nemici. Poi tornarono nel nulla, proprio da dove erano venuti.

Sovversivi e poliziotti, i nemici dell'ordine costituito e i difensori delle regole, quelli che attentano le nostre proprietà, le nostre vite e quelli che ci difendono.

Posta così la lotta armata di sinistra sarebbe chiusa ormai da parecchio.

Dal 1969 a oggi, sono 4100 le persone condannate in via definitiva per banda armata, associazione sovversiva, insurrezione contro i poteri dello Stato, omicidi, ferimenti, furti, rapine, reati più o meno gravi.

Si devono poi aggiungere almeno 20.000 persone, inquisite poi prosciolte, sfiorate di un soffio dalle indagini, coinvolte dalle dichiarazioni dei collaboratori di giustizia e uscite poi assolte dai processi dei tribunali, con formula piena e insufficienza di prove.

Sono 131 le persone assassinate.

Oltre 2000, i feriti.

E 71 i militanti delle organizzazioni del terrorismo di sinistra che sono stati uccisi in conflitti a fuoco con le forze dell'ordine, durante la preparazione di un attentato e di una rapina di autofinanziamento, soli e malati gravi dentro una cella, percossi dalle guardie, uccisi dai loro stessi compagni, morti all'estero.

Dopo molti anni, la società civile, la politica, le istituzioni dovrebbero assumersi responsabilità morali sull'omicidio del giornalista del «Corriere della Sera», Walter Tobagi.

Più che rincorrere piste dietrologiche e depistanti, teorie astratte, o peggio ancora verità assolute.

Sulle pagine del quotidiano «L'Unità», il Partito Comunista Italiano definisce tra il 1969 e il 1974, le azioni dei terroristi come «*opera delle sedicenti Brigate Rosse*».

Solo nel 1979, a Genova, ai funerali dell'operaio comunista Guido Rossa c'è ancora chi, da me intervistato, sostiene la tesi delle «*brigate nere travestite da rosse*».

E questo nonostante il responsabile del Dipartimento problemi dello Stato del PCI, Ugo Pecchioli, collabori in modo attivo con il generale Carlo Alberto Dalla Chiesa per la localizzazione dei terroristi nelle fabbriche.

In pochi osservano la provenienza dei militanti della lotta armata di sinistra. La maggioranza, il 60,3%, risultano di età compresa tra i 21 e i 30 anni, di cultura e istruzione medio-alta: solo il 2,5% ha una licenza elementare e il 20,4% delle medie inferiori.

Operai, studenti, impiegati, insegnanti, liberi professionisti, lavoratori nei servizi pubblici, docenti, ricercatori, artigiani, commercianti, agricoltori, militari, politici, sindacalisti, precari, disoccupati.

In pratica l'esatta fotografia della società italiana.

Anche la ripartizione in regioni offre la percezione di un fenomeno trasversale: sono residenti in Lombardia, Lazio, Campania, Veneto, Piemonte, Sardegna, Marche.

Anche il sindacato resta per anni a guardare senza prendere alcun provvedimento, nonostante il 6,5% dei militanti della lotta armata di sinistra provenga da CGIL e CISL.

All'Italsider di Genova, Guido Rossa viene lasciato solo nella sua denuncia che lo porterà alla morte.

Le azioni successive nei luoghi di lavoro, come i questionari che invitano alla collaborazione, distribuiti nelle fabbriche di Milano, Torino, Genova, non producono alcun effetto. Pochissimi operai li restituiranno firmati.

Nel cosiddetto movimento, i terroristi che uccidono e feriscono restano dei «*compagni che sbagliano*» oppure dei «*cattivi maestri*». Per anni si afferma lo slogan «*né con lo Stato, ne con le Brigate Rosse*».

Del resto, se si osservano attentamente i dati, il 38% dei terroristi giunge dalle esperienze politiche nei gruppi storici della sinistra extraparlamentare: Lotta Continua, Potere Operaio, Avanguardia Operaia. La maggioranza, il 42,7%, è invece attiva nei circoli giovanili, collettivi di quartiere e nelle aree autonome emersi verso la metà degli anni Settanta.

Responsabilità morali hanno quegli adulti non ancora diventati grandi, padri degli assassini della Brigata 28 marzo.

Potevano non sapere che da un assalto armato all'Assolombarda, i loro figli potevano compiere il salto di qualità del terrorismo politico? Oppure interrogarsi su ripetuti comportamenti, su quegli strani discorsi di giovani che dormono sotto il loro tetto?

Responsabilità morali giungono da quanti, nel sindacato dei giornalisti, hanno attaccato in modo violento e personale Walter Tobagi, in momenti della storia italiana dove per molto meno si entrava nel mirino dei terroristi, e si poteva essere uccisi.

Altri, come i socialisti, dovrebbero fare autocritica sulla strumentalizzazione continua e perpetrata nel tempo della figura di Walter Tobagi.

Infine lo Stato, che non ha salvato Tobagi. Nessuna scorta, solo qualche consiglio («Non uscire di casa prima delle 9»). Nessuna protezione per un obiettivo così prevedibile: cattolico, socialista e riformista. Un uomo di mediazione. Come Marco Biagi. Sottolinea Ugo Intini, oggi dello SDI:

«*Non ho mai creduto all'esistenza di mandanti occulti. Ho creduto invece che non sia stata compiuta un'opera di verità e di giustizia. Rimangono troppi aspetti oscuri. Supponiamo che il volantino che rivendica l'uccisione di Tobagi sia stato scritto da altri e non da questi ragazzi, perché è troppo complesso. Questo vuol dire che ci sono dei mandanti, ma può anche significare che gli assassini hanno preso un documento scritto per altre ragioni, ci hanno aggiunto una coda e un cappello, e l'hanno trasformato in una dichiarazione di morte. Il lato più oscuro riguarda invece un rapporto di un informatore dei carabinieri che preannunciava l'omicidio di Tobagi circa un anno prima. Questa informativa è stata lasciata cadere nel nulla e perfino nascosta. Urta le coscienze dei cittadini vedere un assassino farsi tre anni di carcere preventivo, poi scarcerato all'atto della sentenza*».[1]

Nessun mandante oscuro, ma solo mandanti morali secondo l'analisi di Gianluigi Da Rold, collega e amico di Walter Tobagi:

«*C'erano le condizioni ideali per far uccidere Tobagi e qualcuno ci è riuscito. I sei terroristi che lo assassinarono contavano come il due di briscola nella lotta armata. Il volantino di rivendicazione è stato redatto da chi conosceva bene i testi marxisti degli anni Cinquanta. Non posso credere che Marco Barbone abbia potuto scrivere un capolavoro di marxismo. Non voglio dire che esistano mandanti materiali precisi. Non ho le prove. Dico che esistono mandanti morali, responsabili di aver creato il clima che ha portato a quell'omicidio. Tobagi era entrato nel mirino dei terroristi già nel 1978. Era l'anno del compromesso storico. Nel 1978, il PCI votò la fiducia al governo di solidarietà nazionale di Giulio Andreotti. In quel momento storico cruciale, il PCI voleva mettere le mani sull'informazione e partì l'assalto alla stampa. L'obiettivo era quello di instaurare un predominio comunista all'interno del "Corriere della Sera". Ci sono riusciti. Tobagi si opponeva a questo disegno. Per questo era scomodo. Era completamente autonomo, non era la cinghia di trasmissione di nessun partito. Per questo dava fastidio. Tobagi era allo stesso tempo cattolico, socialista, riformista. Per questo era guardato con sospetto*».[2]

1. Intervista a Ugo Intini, *Giallo e nero*, «Radio24 – Il Sole 24 Ore», 2004, condotto dall'autore.
2. Intervista a Gianluigi Da Rold, «Tabloid», Istituto Formazione Giornalismo, 2000.

Raffaele Fiengo è considerato l'uomo del Partito Comunista Italiano, all'interno del «Corriere della Sera». Membro del Comitato di Redazione, Fiengo è negli anni Settanta avversario di Walter Tobagi nel sindacato:

«*Avevamo posizioni diverse sulle questioni sindacali, ma io l'ho sempre rispettato. Io sono soprattutto per la qualità delle persone, al di là delle loro idee politiche. E Tobagi era preparato. Aveva studiato i movimenti sindacali e aveva gli strumenti per capire. Il suo era un approccio scientifico e storico ai problemi, uno stile che aveva maturato all'Università, quando era ricercatore dell'Istituto di Storia medievale e moderna. Io credo che democratico sia quel Paese in cui governano quelli che per vivere devono lavorare. In questa ottica ho sempre sostenuto l'alleanza di tutto il mondo del lavoro. Su questo punto io e Tobagi non eravamo d'accordo. Ero per l'alleanza con i sindacati, con la CGIL. Lui invece sosteneva la necessità dell'autonomia dei giornalisti, dai partiti e dai sindacati…*

Ricordo il grande sgomento con cui apprendemmo la notizia della sua morte. Quel momento di sconforto è stato turbato da quello che successe dopo, dalle voci che circolavano al "Corriere della Sera", dalle strumentalizzazioni, dal cinismo. Questo clima di scontro ci ha tolto qualcosa, ci ha negato la possibilità di sentire tutto il nostro dolore. A me sarebbe piaciuto indagare, capire, andare a vedere le carte del processo, ma in questa atmosfera di sospetti non ho potuto».[3]

L'ultima indicazione riguarda il comportamento di Marco Barbone, Paolo Morandini, Daniele Laus, Mario Marano, Francesco Giordano, Manfredi De Stefano, i componenti della Brigata 28 marzo. È il ragionamento del giorna-

3. *Ibidem*, intervista a Raffaele Fiengo.

lista Massimo Fini, uno che Walter Tobagi lo conosceva davvero:

«*La vicenda è chiusa. I due sciagurati, Marco Barbone e Paolo Morandini, in regime di legge premiale, se avessero avuto la possibilità di tirare in ballo altri nomi, in particolare di giornalisti, lo avrebbero fatto di sicuro. Quindi direi che la vicenda resta quella descritta. Se si pensa a mandanti occulti nel mondo del giornalismo, le persone in questione erano talmente mediocri da non poter essere nemmeno definiti dei mandanti*».

Oggi

Marco Barbone diviene collaboratore di giustizia poco dopo essere stato arrestato, il 25 settembre 1980. Il 28 novembre 1983, la Corte d'Assise di Milano, presidente Antonino Cusumano, lo condanna a 8 anni e 9 mesi, gli riconosce il valore del suo pentimento e concede l'immediata libertà provvisoria. La sentenza di appello, pronunciata il 6 ottobre 1985, conferma la linea tenuta dai giudici di primo grado. La pena prevista scende a 8 anni e 6 mesi, di cui due condonati. La Corte di Cassazione, l'8 ottobre 1986, rigetterà tutti i ricorsi presentati dai legali di parte civile e di alcuni imputati. Oggi Marco Barbone lavora nel settore editoriale. Si è avvicinato, nel tempo, alle posizioni di Comunione e Liberazione.

Paolo Morandini, pure lui collaboratore di giustizia, ha seguito la linea processuale di Marco Barbone, ottenendo le stesse condanne e gli stessi benefici previsti dalla legge sui pentiti, n. 304 del 1982, detta «*legge Cossiga*». Morandini vive da alcuni anni in un luogo non precisato di Cuba.

Daniele Laus, dissociato, viene condannato in primo grado a 27 anni e 8 mesi. In secondo grado, la pena scende a 16 anni, confermata in seguito dalla Cassazione. Oggi Laus ha chiuso i conti con la giustizia. Lavora come grafico free lance nel settore editoriale.

Mario Marano, si pente solo tra il primo e il secondo grado. È condannato a 12 anni come premio per la revisione del suo passato da terrorista. Oggi Marano ha un lavoro regolare, ha chiuso con la politica ed è approdato, come lui stesso ha dichiarato, «*a una visione cristiana della vita.*»

Caterina Rosenzweig viene assolta per insufficienza di prove dall'accusa di associazione sovversiva e banda armata. Dall'Italia si è volatilizzata da anni. Sembra vivere in Brasile, in una località sconosciuta. Suo padre Gianni è morto nel febbraio 2005. Per la sua scomparsa, Caterina ha scritto un necrologio su alcuni quotidiani.

Manfredi De Stefano, nel corso dell'istruttoria sommaria, ammette ogni responsabilità e si dissocia dalla lotta armata. Poi rivendica il suo passato e resta un irriducibile. Nel 1982, scrive un documento nel carcere di San Vittore di Milano: «*Rinnegare un passato di lotta di classe per la liberazione individuale è controrivoluzionario*». Nel processo di primo grado del 1983, è condannato a 28 anni e 8 mesi. Muore per aneurisma mentre è detenuto nel penitenziario di Udine, il 6 aprile 1984.

A **Francesco Giordano**, né dissociato, neppure irriducibile, viene invece comminata la pena più alta e severa. In primo grado, è condannato a 30 anni e 8 mesi. Nell'appello, la pena scende a 21 anni, divenuti definitivi. Giordano, la mattina del 28 maggio 1980 in via Salaino, è l'unico che comprende l'assurdità dell'azione armata contro Walter Tobagi. Ed è anche quello che sconta fino in fondo la sua pena. Oggi vive con la sua famiglia e lavora a Milano. Con la politica ha chiuso da un pezzo.

Armando Spataro è procuratore aggiunto presso il Tribunale di Milano. Oggi si occupa delle inchieste sul terrorismo islamico e su quello brigatista.

Il generale dei Carabinieri **Carlo Alberto Dalla Chiesa** è stato ucciso dalla mafia a Palermo il 3 settembre 1982, insieme alla moglie Emanuela Setti Carraro.

Bibliografia e fonti utilizzate

Atti giudiziari

Brigata Lo Muscio, *atti dal procedimento penale N.R.G. 716/80F- 225/81F*, Tribunale di Milano.

Brigate Comuniste-Rosso, *Sentenza Ordinanza di rinvio a giudizio N.R.G. 229/81F*, 1982.

Corte di Cassazione, *sentenze definitive. 1977-2005.*

Commissioni bicamerali parlamentari «*Moro*» e «*Stragi*». *Atti stenografici e relazioni di maggioranza e opposizione, relazioni della presidenza, documentazione dei consulenti.*

Formazioni Comuniste Combattenti, *Ordinanza di rinvio a giudizio N.R.G. 2282/80° e 70/81 A.*

Guerriglia Rossa, *atti dal procedimento penale N.R.G. 716/80F- 225/81F*, Tribunale di Milano.

Sentenza ordinanza del giudice istruttore di Venezia Carlo Mastelloni, proc. pen. 95/98.

Sentenza ordinanza del giudice istruttore di Milano Guido Salvini nei confronti di Nico Azzi+altri.

Spataro Armando, *Requisitoria introduttiva al processo Tobagi*, Procura di Milano, 1982.

Tribunali di Milano, Torino, Genova, Venezia, Bologna, Firenze, Roma e Napoli. *Sentenze primo e secondo grado, documenti e allegati agli atti. 1977-2005.*

Saggi, narrativa, radio, tv.

AA.VV., *La mappa perduta*, Edizioni Sensibili alle foglie, Roma 1994.

AA.VV., *Gli sguardi ritrovati*, Edizioni Sensibili alle foglie, Roma 1995.

AA.VV., *Le parole scritte*, Edizioni Sensibili alle foglie, Roma 1996.

AA.VV., *Le torture affiorate*, Edizioni Sensibili alle foglie, Tivoli 1998.

AA.VV., *Il caso Coco: processo a Giuliano Naria*, Collettivo Editoriale Librirossi, Milano 1978.

AA.VV., *Attacco allo Stato,* Napoleone Editore, Roma 1982.

AA.VV., *Frammenti di lotta armata e utopia rivoluzionaria*, Quaderno 4, Controinformazione, Milano 1984.

AA.VV., *Criminalizzazione e Lotta Armata*, Quaderni d'informazione politica Collettivo Editoriale Libri Rossi, 1976.

AA.VV., *I comunisti e la questione giovanile*, Editori Riuniti, Roma 1977.

AA.VV., *Almanacco del PCI '79*, a cura della sezione centrale di stampa propaganda del PCI.

AA.VV., *Enrico Berlinguer*, Edizioni L'Unità, Roma 1985.

AA.VV., *L'eversione nera. Cronache di un decennio*, Franco Angeli, Milano 1985.

Acquaviva Sabino, *Guerriglia e guerra rivoluzionaria in Italia*, Rizzoli, Milano 1979.

Aglietta Adelaide, *Diario di una giurata popolare al processo contro le BR*, Libri Edizioni, Milano 1979

Arlati-Magosso, *Le carte di Moro, perché Tobagi*, Franco Angeli, Milano 2003.

Balestrini-Moroni, *L'orda d'oro 1968-1977*, Feltrinelli, Milano 2003.

Battisti Cesare, *L'ultimo sparo*, Derive e Approdi, Roma 1998.
–, *Avenida revolucion,* Nuovi Mondi Media, 2003.
Bettiza Enzo, *Via Solferino*, Rizzoli, Milano 1982.
Bocca Giorgio, *Il terrorismo italiano 1970-1978*, Rizzoli, Milano 1978.
–, *Noi terroristi*, Garzanti, Milano 1985.
–, *I terroristi*, Garzanti, Milano 1986.
–, *Gli anni del terrorismo*, Curcio, Milano 1988.
Biacchessi Daniele, *Fausto e Iaio*, Baldini & Castoldi, Milano 1996.
–, *Il delitto D'Antona*, Mursia, Milano 2001.
–, *Ombre nere*, Mursia, Milano 2002.
–, *L'ultima bicicletta*, Mursia, Milano 2003.
–, *Vie di fuga*, Mursia, Milano 2004.
Bianchi Sergio, Caminiti Lanfranco, *Settantasette*, Derive e Approdi, Roma 2004.
Bianconi Giovanni, *Mi dichiaro prigioniero politico*, Einaudi, Torino 2003.
Biscione Francesco, *Il delitto Moro: strategie di un assassinio politico*, Editori Riuniti, Roma 1998.
Bonante Lorenzo (a cura di), *Dimensioni del terrorismo politico*, Franco Angeli, Milano 1979.
Braghetti-Tavella, *Il prigioniero*, Mondadori, Milano 1998.
Brambilla Michele, *L'eskimo in redazione: quando le Brigate rosse erano sedicenti*, Ed. Ares, Milano 1990.
Calvi Maurizio, *Le date del terrore*, Luca Sossella Editore, Roma 2003.
Cantore-Rossella-Valentini, *Dall'interno della guerriglia,* Mondadori, Milano 1978.
Casalegno Carlo, *Il nostro Stato*, Bompiani, Milano 1978.
–, Introduzione di *Gli attentatori. Rivoltelle contro il potere*,

in Enzo Biagi, *I grandi nomi del XX secolo*, Collana di Storia Contemporanea, Istituto Geografico De Agostini, Novara 1973.
Caselli Giancarlo, *La Storia delle Brigate Rosse*, il Mulino, Bologna 1984.
Castellano Lucio, *Aut.op. la storia e i documenti: da Potere Operaio all'Autonomia organizzata*, Savelli, Milano 1980.
Catanzaro Raimondo, *Ideologie, movimenti, terrorismi*, il Mulino, Bologna 1990.
–, *La politica della violenza*, il Mulino, Bologna 1990.
Catanzaro Raimondo, Manconi Luigi, *Storie di lotta armata*, il Mulino, Bologna 1995.
Cavallini Massimo, *Il terrorismo in fabbrica*, Editori Riuniti, Roma 1978.
Cederna Camilla, *Giovanni Leone. La carriera di un presidente*, Feltrinelli, Milano 1978.
Chiaromonte Gerardo, *Le scelte della solidarietà democratica*, Editori Riuniti, Roma 1986.
Cipriani Gianni, *Lo stato invisibile*, Sperling & Kupfer, Milano 2002.
Commissione di controinformazione, *Avanguardia operaia*, Documenti 1973.
Da Rold Gianluigi, *Da Ottone alla P2: sei anni di compromesso storico al «Corriere della Sera»*, Sugarco, Milano 1982.
Della Porta Donatella, *Terrorismi in Italia*, il Mulino, Bologna 1984.
–, *Il terrorismo di sinistra*, il Mulino, Bologna 1990.
De Lutiis Giuseppe, *Storia dei servizi segreti in Italia*, Editori Riuniti, Roma 1984.
Di Bella Franco, *Corriere segreto*, Rizzoli, Milano 1983.
Di Giovanni Carmelo, *Eravamo terroristi, lettere dal carcere*, Edizioni Paoline, 1989.

Fenzi Enrico, *Armi e bagagli, un diario delle Brigate Rosse*, Costa & Nolan, Genova 1998.
Feliziani Giancarlo, *Colpirne uno per educarne cento*, Liminia, Arezzo 2004.
Ferrarotti Franco, *Alle radici della violenza*, Rizzoli, Milano 1979.
–, *L'ipnosi della violenza dal futurismo al caso Moro: un'analisi critica e spietata del fascino ambiguo che la violenza esercita sull'intellettuale*, Rizzoli, Milano 1988.
Flamini Sergio, *Convergenze parallele*, Kaos, Milano 1998.
Forbice Aldo, *Testimone scomodo, Walter Tobagi*, Franco Angeli, Milano 1989.
Franceschini Alberto, *Mara, Renato e io*, Mondadori, Milano 1988.
Galli Giorgio, *Storia del partito armato*, Rizzoli, Milano 1986.
–, *Piombo Rosso*, Baldini Castoldi Dalai *editore*, Milano 2004.
Grandi Aldo, *La generazione degli anni perduti*, Einaudi, Torino 2003.
Istituto Gramsci, *La crisi della società italiana e gli orientamenti delle giovani generazioni*, Editori Riuniti, Roma 1978.
Lucarelli Carlo, *Blu Notte, Misteri Italiani. Inchiesta sulle Brigate Rosse*, Rai Tre, 2004.
Mancini Federico, *Terroristi e riformisti*, il Mulino, Bologna 1981.
Manconi Luigi, *Il discorso delle armi*, Savelli, Milano 1981.
Manzini Giorgio, *Indagine su un brigatista rosso, storia di Walter Alasia*, Einaudi, Torino 1978.
Martelli Claudio, *Claudio Martelli racconta Walter Tobagi*, Canale 5, 2004.
Minoli Giovanni, *La storia siamo noi*, Rai Tre, 2004.

Moretti Mario, *Brigate Rosse: una storia italiana*, Baldini Castoldi Dalai *editore*, Milano 1998.
Moroni Primo, *Le parole e la lotta armata*, Shake, Milano 1999.
Morucci Valerio, *La peggio gioventù*, Rizzoli, Milano 2004.
Novelli Diego, *Una vita sospesa*, Sellerio, Palermo 1991.
Pansa Giampaolo, *Comprati e venduti. I giornali e il potere negli anni '70*, Bompiani, Milano 1977.
–, *Storie italiane di violenza e terrorismo*, Laterza, Roma 1980.
–, *L'utopia armata*, Mondadori, Milano 1992.
Partito Comunista Italiano, *Atti e documenti del XIII Congresso*, Editori Riuniti, Roma 1972.
–, *Atti e documenti del XIV Congresso*, Editori Riuniti, Roma 1975.
–, *Atti e documenti del XV Congresso*, Editori Riuniti, Roma 1979.
–, *Atti e documenti del XVI Congresso*, Editori Riuniti, Roma 1983.
Pasquino Gianfranco, *La prova delle armi*, il Mulino, Bologna 1984.
Peci Patrizio, *Io l'infame*, Mondadori, Milano 1983.
Pellegrino Giovanni, *Segreto di Stato*, Einaudi, Torino 2000.
Ottaviano Franco, *La rivoluzione nel labirinto*, Rubbettino, 1993.
«Rosso» (rivista), Milano, 1973-1979.
Scalzone-Persichetti, *Il nemico inconfessabile*, Odradek, Roma 1999.
Scialoja-Curcio, *A viso aperto*, Mondadori, Milano 1993.
Sciascia Leonardo, *L'affaire Moro*, Adelphi, Milano 2003.
Scorti Piero, *Il delitto paga? L'affare Tobagi*, Sugarco, Milano 1985.
Segio Sergio, *A miccia corta,* Derive e approdi, Roma 2005.
Soccorso Rosso, *Brigate Rosse,* Feltrinelli, Milano 1976.

Sossi Mario, *Nella prigione delle BR*, Editoriale Nuova, Milano 1979.
Stajano Corrado, *L'Italia nichilista*, Mondadori, Milano 1982.
«Tabloid», *La tragedia della ragione*, Istituto Formazione Giornalismo di Milano, 2000.
Tessandori Vincenzo, *Br imputazione banda armata*, Baldini Castoldi Dalai *editore*, Milano 2000.
Testimonianze raccolte dall'autore per il programma di «Radio 24 – Il Sole 24 Ore» *Giallo e nero.*
Testimonianze raccolte da Cristina Bassi, IFG, Istituto Formazione Giornalismo di Milano per il programma di «Radio 24 – Il Sole 24 Ore», *Giallo e nero.*
Tobagi Walter, *Storia del movimento studentesco e dei marxisti-leninisti in Italia*, Sugar editore, Milano 1970.
–, *La fondazione della politica salariale della Cgil*, Fondazione Feltrinelli, Milano 1974.
–, *Mario Borsa giornalista liberale*, Problemi dell'informazione, 1976.
–, I *cattolici e l'unità sindacale*, Editrice Sindacale Italiana, Roma 1976.
–, *Achille Grandi, sindacalismo cattolico e democrazia sindacale*, il Mulino, Bologna 1977.
–, *La rivoluzione impossibile,* Il Saggiatore, Milano 1978.
–, *Il sindacato riformista,* Sugarco, Milano 1979.
–, *Il Psi dal centrosinistra all'autunno caldo* in *Storia del partito socialista*, Marsilio, Venezia 1979.
–, *Che cosa contano i sindacati*, Rizzoli, Milano 1980.
Tobagi Walter, Bocca Giorgio, *Vita di giornalista*, Laterza, Roma-Bari 1979.
Zavoli Sergio, *La notte della Repubblica*, Mondadori, Milano 1992.

Articoli tratti dalla carta stampata

Tobagi Walter, «La Zanzara», 1962-1966.
Tobagi Walter, «L'Avanti», 1968-1969.
Tobagi Walter, «L'Avvenire», 1969-1974.
Tobagi Walter, «Corriere d'Informazione», 1974-1975.
Tobagi Walter, «Corriere della Sera», 1975-1980.
Reagire con forza, di Franco Di Bella, «Corriere della Sera», 17 marzo 1978.
I giornalisti di fronte agli assassini, di Leo Valiani, «Corriere della Sera», 2 gennaio 1981.
Un caso di coscienza. Pubblicare o no i documenti dei terroristi?, colloquio con Eugenio Montale, editoriale, «Corriere della Sera», 21 marzo 1978.
Quali sono i padri del terrorismo? Colloquio con Emanuele Macaluso, Rossana Rossanda e Rosario Romeo, di Ugo Stille, «Corriere della Sera», 21 marzo 1978.
Ridurre al minimo lo spazio ai terroristi. Intervista con M. McLuhan, di Ugo Stille, «Corriere della Sera», 23 marzo 1978.
Ma quale processo?, di Leo Valiani, «Corriere della Sera», 6 aprile 1978.
Non è lui, di Franco Fortini, inserto aprile n° 1 de «Il Manifesto».
L'album di famiglia, di Rossana Rossanda, «Il Manifesto», 2 aprile 1978.
Io direttore della Zanzara, di Vittorio Zucconi, «la Repubblica», 30 aprile 2003.
Il giornalismo come servizio, di Andrea Barbato, «La Stampa», 25 aprile 1978.
Ritorna l'autunno violento?, Carlo Casalegno, «La Stampa», 5 novembre 1975.

Nessuna attenuante, Carlo Casalegno, «La Stampa», 4 aprile 1976.
Il terrorismo e la fabbrica, Carlo Casalegno, «La Stampa», 15 aprile 1976.
Le trame della violenza, Carlo Casalegno, «La Stampa», 9 giugno 1976.
Possono solo uccidere, Carlo Casalegno, «La Stampa», 10 giugno 1976.
Rossi, neri, chiudere i «covi», Carlo Casalegno, «La Stampa», 26 ottobre 1977.
Brigate Rosse: ma chi sono? Il loro motto è 3 molotov al giorno, Marco Nozza, «Il Giorno», 20 gennaio 1976.
BR: un piatto sporco in cui molti hanno messo le mani, Ibio Paolucci, «L'Unità», 11 giugno 1976.
Torbidi risvolti, Ibio Paolucci, «L'Unità», 12 giugno 1976.
Una campagna elettorale nera con l'aiuto delle «Brigate rosse», Ibio Paolucci, «L'Unità», 13 giugno 1976.
Perché ora le BR uccidono, Ibio Paolucci, «L'Unità», 15 giugno 1976.
Un uomo torturato, editoriale, «L'Unità», 19 marzo 1978.
Mirafiori: parliamo degli «indifferenti», di P. G. Betti, «L'Unità», 7 maggio 1978.
I giornali studenteschi milanesi. 1945-1968, di Diletta D'Amelio, tesi di laurea 2003.

Siti internet consultati

Le audizioni della Commissione Stragi (solo audio)
www-5.radioradicale.it/frameset/set_stragi.html

Commissione Stragi (solo testo delle audizioni)
www.parlamento.it/parlam/bicam/terror/home.htm

Centro Culturale Walter Tobagi
www.geocities.com/centrotobagi

Associazione Walter Tobagi per la formazione al giornalismo
www.odg.mi.it/tobagi.htm

Liceo «Parini»
www.liceoparini.it

Il caso Moro
www.apolis.com
Brigate Rosse
www.brigaterosse.org

Lotta armata di sinistra
www.ecn.org

Almanacco dei misteri
www.almanaccodeimisteri.info

Osservatorio Democratico
www.osservatoriodemocratico.it

Stragi80
www.stragi80.com

Retedigreen.com
www.retedigreen.com

Associazione tra i familiari delle vittime di Bologna
www.stragi.it

Centro di documentazione sullo stragismo
www.cedost.it

Misteri d'Italia
www.misteriditalia.com

Il caso Sofri
www.sofri.org

Fondazione Luigi Cipriani
www.fondazionecipriani.it
La banca dati della memoria di Clarence
www.clarence.com

Criminology
www.criminal.it

Archivio 900
www.archivio900.it

Archivio Sociale
www.archiviosociale.it

Movimenti anni Settanta
www.tmcrew.org/memoria/index.htm

Archivio Ansa (per abbonamento)
dea.ansa.it

Cronologia
www.cronologia.it

Indice dei nomi

Stampato nel maggio 2005 per conto di
Baldini Castoldi Dalai *editore* S.p.A.
da Grafica Veneta S.p.A. - Trebaseleghe (Pd)